WOLFGANG AMADEUS MOZART

볼프강 아마데우스 모차르트

말테 코르프 지음 | 김윤소 옮김

초판인쇄 2007. 4. 20.
초판발행 2007. 4. 25.

편 집 홍석봉 · 정지희 · 박승범 · 김윤곤 · 김수현
마케팅 이태준
펴낸이 강준우
관 리 김수연
디자인 이은혜 · 최진영
펴낸곳 인물과사상사

등록 1998. 3. 11(제17-204호)
주소 서울시 강동구 성내동 533-1 영우빌딩 3층
전화 02) 471 - 4439
팩스 02) 474 - 1413
우편 134 - 600 서울 강동우체국 사서함 164호

E-mail insa@inmul.co.kr
홈페이지 http://www.inmul.co.kr

값 7,800원

ISBN 978-89-5906-058-0 04080
ISBN 978-89-5906-050-4 (세트)

파손된 책은 교환하여 드립니다.

WOLFGANG AMADEUS
MOZART

볼프강 아마데우스
모차르트

CONTENTS

신동(神童)에서 개성적인 천재로의 변화

모차르트만큼 자신의 음악을 통해 사람들을 매료시키는 작곡가는 보기 드물다. 경쾌함과 밝음 그리고 우아함을 담고 있으면서도 그런 것들과는 양립할 수 없는 정신적인 심오함까지 들어

볼프강 아마데우스 모차르트의 초상

있는 그의 음악은 여전히 수수께끼와 같은 매력을 지니고 있다. 모차르트의 인생 행로 역시 특별하다.

어린 시절 이미 신동이라는 명성을 얻었지만 작곡가로서 그가 걸은 길은 고난과 실망으로 점철되었다. 일자리를 주었음에도 불구하고 사이가 좋지 않았던 잘츠부르크의 대주교와 결별한 그는 속박에서 벗어나 빈에서 자신의 작품을 성공적으로 연주했고, 빈 귀족들의 인기를 한몸에 받으며 독립적인 생활을 할 수 있었다. 그렇지만 말년엔 어두운 그림자가 드리워졌다. 열광적이던 빈의 시민들이 이 개성적인 천재가 자신의 예술적 항로를 추구하는 모습을 더 이상 받아들이지 못했기 때문이었다. 30년이라는 짧은 기간 동안 그의 작품들은 엄청난 변화

를 겪으며 발전을 이루어 냈다. 명랑하며 친절한 정신에서 출발한 그는 자신의 개인적인 경험들로 인해 결국 자신만의 생각에 사로잡히게 된다. 따라서 그의 작품은 다양한 형식으로 나타났고 그것은 무척이나 인상적이다.

위대함과 숭고함을 보여 주고 있는 후기 교향곡들과 〈돈 조반니(Don Giovanni)〉 그리고 〈마술피리(Die Zauber-flöte)〉뿐만 아니라 심오한 내면을 그리고 있는 레퀴엠과 고전주의 형식의 영향을 받은 현악4중주, 그리고 세레나데 양식의 총체라 할 수 있는 〈아이네 클라이네 나흐트무지크(밤의 세레나데, Kleine Nachtmusik)〉 등이 그런 작품에 속한다. 때문에 모차르트의 음악이 지금도 여전히 새롭고 다양한 해석으로 연주되고 평가받는다는 사실은 어쩌면 당연한 일일지도 모른다.

모차르트의 음악은 처음엔 이상주의적이고 낭만주의적인 것, 다음에는 "더 이상 시류에 맞지 않는" 것으로, 그리고 심지어는 "통속적"인 것으로까지 평가받았다. 그러나 음악 연구가 시작됨에 따라서 잘츠부르크와 빈의 바로크 음악과 이탈리아의 바로크 음악뿐만 아니라 포어클래식(前古典期)과 하이든(Haydn) 그리고 바흐와 헨델 등의 영향을 받은 작품의 다면성과 복잡성이 분명하게 드러나게 되었다. 주관적이면서도 동시에 일반적으로 통용되는 표현을 만들어 내기 위해 모차르트는 이러한 영향들을 가공하고 뛰어넘어 자신만의 독창적인 작품 형태로 나타낸 것이다. 따라서 모차르트의 작품은 글루크(Gluck), 하이든, 베토벤 등의 작품과 마찬가지로 '모범성', '시간적 초월성', '아름다움의 표현' 그리고 인간을 정화시키고 순화시킨다는 뜻의 '카타르시스적'이라는 단어로 대표되는 빈 고전주의에 속한다.

그러나 모차르트에게는 매력적이긴 하지만 결코 어떠한 방법으로도 설명이 불가능한 개성적이고 다면적인 성격도 함께 있었다. 오로지 창작에만 전념했던 천재적인 예술가의 낭만적인 모습이 19세기를 지배했다. 하지만 이와 다르게 모차르트가 디오니소스적인 감정의 풍부함을 경험했을 것이며, 그래서 결국 비극적인 최후로 끝날 수밖에 없었을 것이라는 평가도 존재한다.

오늘날 사람들은 그의 작품 속에서 모차르트의 모순적인 단면들, 즉 천진난만하고 유희적인 기질과 예술적인 심오함 사이에서 갈등했던 한 인간의 모습을 발견한다. 모차르트라는 한 음악가와 "이해하기 어려운 것(신만이 아는)" 등으로 표현되는 그의 음악은 최소한 오늘날까지도 합리적인 설명이 불가능하다. 다만 헤르만 헤세(Hermann Hesse)는 그의 장편소설 《황야의 늑대(Der Steppenwolf)》에서 다음과 같이 적고 있다. "황금색의 흔적이 번쩍이자 내 머리는 영원한 것을, 모차르트를, 별을 떠올렸다."(헤세, 1995, 41쪽) 이 문장은 그 음악을 듣는 사람들에게 내면적 일치의 행운을 가져다 줄 수 있는 모차르트 음악의 가능성을 암시하고 있다.

생애

Leben

어린 시절과 첫 번째 여행
(1756~1769년)

모차르트의 조상들은 아우크스부르크 지방 출신으로 15세기부터 성실한 시민과 수공업자의 모습으로 슈바벤 지방 제국 직속도시의 중앙에 모습을 드러낸다. 그들 중에는 빵을 구워 파는 사람과 직공 및 재단사 그리고 건축가도 있었다. 모차르트 친가 쪽 할아버지 요한 게오르크(Johann Georg)는 제본업자였다. 그의 두 번째 부인 안나 마리아(Anna Maria)는 아홉 명의 자녀를 낳았는데, 그 가운데 셋은 사내아이였다. 요제프 이그나츠(Joseph Ignaz)와 후에 가업을 잇게 되는 프란츠 알로이스(Franz Aloys) 그리고 모차르트의 아버지이자 모차르트를 음악

아버지

가로 만든 레오폴트(Leopold)가 그들이다. 창작 에너지와 강력한 인내력 같은 매우 중요한 속성들을 모차르트는 조부모로부터 물려받은 것 같다. 그리고 이미 작곡가의 길을 걷고 있던 아버지 레오폴트에게서는 예술가적인 요소를 접하게 되

아버지 레오폴트 모차르트

었으며, 모친 안나 마리아로부터는 후에 모차르트 작품
에 영향을 미치게 되는 경쾌함을 물려받는다.

1719년 아우크스부르크에서 출생한 레오폴트는 그의 후
원자였던 아우크스부르크의 수사(修士) 신부의 뜻에 따
라 사제(司祭)가 되어야만 했다. 그러나 1737년 그는 그
길을 포기하고 잘츠부르크에서 철학과 법학을 공부하기
시작한다. 물론 이 선택도 오래가지 못했다. 이 재미없
는 전공은 그를 지루하게 만들었으며 학업을 등한시하
게 했다. 그리하여 2학년 때 대학으로부터 경고를 받게
된다. 그렇지만 이 시절 레오폴트는 바이올린 연주자로
서 그리고 오르간 연주자로서 주목을 받을 정도의 능력
을 보여 주었기 때문에, 그는 1740년 잘츠부르크의 수
사 신부이자 추기경 회의 의장이었던 투른-발사시나
(Thurn-Valsassina) 백작의 바이올리니스트이자 시종으
로 일하게 된다. 이때부터 레오폴트는 작곡을 시작한다.
이미 1743년에 그는 잘츠부르크의 영주 겸 주교의 궁정
악단에 들어가는 데 성공한다. 여기서 오랫동안 바이올
린을 연주하다가 마침내 1763년 부악장으로 승진한다.
레오폴트는 책임감과 의지력도 있었지만 개성도 강했
다. 그는 의식적일 정도로 비판적이고 지적이었으며, 책
을 많이 읽는 이성의 시대에 사는 사람으로 알려졌다.
후에 볼프강과 그의 누나 나네를(Nannerl)에게 발휘된

교육자로서의 재능도 있었으며, 또한 미사곡과 교향곡, 협주곡과 실내악의 작곡가로서도 명성을 얻었다. 특히 1756년 출판되어 오늘날까지도 유명한 교재로 사용되는 《기본 바이올린 교습법 시론(Versuch einer gründlichen Violinschule)》은 그가 교육가로서도 뛰어났음을 말해 주고 있다.

모차르트의 어머니 안나 마리아 페르틀(Anna Maria Pertl)의 조상들은 소시민 계급으로 궁정의 마부와 직물공 일을 했다. 그렇지만 안나 마리아의 부친 볼프강 니콜라우스(Wolfgang Nikolaus)는 다른 길을 걸었다. 그는 법학을 공부했음에도, 잘츠부르크 장크트 페터 성베드로 수도회 부설 학교의 교사이자 음악가였다. 그 후 그는 갑자기 공무원으로 방향을 바꾼다. 이로 인해 그는 빈과 그라츠를 거쳐 1716년에는 보호위원으로 장크트 길겐(St. Gilgen)으로 가게 된다. 이보다 4년 전인 1712년 11월 22일 그는 음악가의 딸로 남편을 잃은 에바 로시나 푹스바우머(Eva Rosina Puxbaumer)와 결혼했으며, 이후 세 명의 자녀를 두게 된다. 1720년 막내 안나 마리아가 태어났다. 남편인 볼프강 니콜라우스가 사망한 뒤 에바는 아이들을 데리고 인근의 잘츠부르크로 이주해, 그곳 궁정악단에서 생활에 필요한 최저생활비를 벌었다. 안나 마리아의 어린 시절은 대부분 암울했으며, 레오폴트

어머니

**어머니 안나 마리아
모차르트**

와 어떻게 만나게 되었는지는 전혀 알려진 바가 없다. 그러나 편지로 미루어 볼 때 두 사람은 결혼하기 오래전부터 이미 서로 알고 있었음이 분명하다. 그들은 1747년 잘츠부르크 돔 성당(Domkirche)에서 결혼식을 올린다.

레오폴트와 안나 마리아는 편지들에서 알 수 있듯이 서로 사랑하고 있었다. 특히 안나는 결혼생활에 필요한 따뜻한 분위기와 명랑함을 유지할 줄 알았다. 가정은 그녀에게 있어서 삶의 의미였기 때문에 안나는 상당한 이해심을 보여 주었으며, 아들 모차르트는 이에 감동했다. 안나 마리아의 음악성에 관해 알려진 것은 거의 없지만 그녀의 풍부한 감성과 상상력은 모차르트에게 유전되어 나중에 예술적인, 아주 새로운 자질로 이어졌다.

잘츠부르크 모차르트 가족이 살았던 잘츠부르크는 이탈리아 바로크풍의 도시였으며, 이미 남쪽의 분위기가 지배하고 있었다. 궁정과 성당, 광장과 분수들이 그랬고, 특히 화려한 색깔의 높은 집들이 그러했다. 도시 중심에는 돔(Dom)이 있었다. 그렇지만 무엇보다도 11세기에서 12세기에 걸쳐 건축되었다가 16세기에 다시 개조된 호엔잘츠부르크(Hohensalzburg) 성의 모습은 압도적이었다. 잘츠부르크는 합스부르크(Habsburg) 가의 세습지였던 적이 없었고,

종교적인 영지로서 지금까지 독립적이었기 때문에, 비교적 높은 문화 수준을 유지할 수 있었다.

빈의 여제(女帝) 마리아 테레지아(Maria Theresia)뿐만 아니라 영주 겸 대주교로서 1753년부터 1771년까지 통치했던 지기스문트 슈라텐바흐(Sigismund Schrattenbach) 백작과 그를 계승했던 히에로니무스 콜로레도(Hieronymus Colloredo) 백작을 비롯한 잘츠부르크의 군주들은 봉건적인 사회질서가 계몽주의의 시대에 들어와서도 여전히 지속되고 있는 것으로 인식하고 있었다. 이러한 지배층과 가신(家臣)들 사이의 상당한 괴리감이 문제로 등장하면서, 귀족과 시민계급 사이의 중간지대가 해결책으로 여겨지게 되었다. 계몽적인 생각의 콜로레도는 시민들의 복지를 보다 중요하게 생각했다. 그에 따라 도로에 조명이 설치되었으며, 양로원과 병원 등을 비롯한 공공시설을 위한 기금이 마련되었다. 또한 계몽주의적인 합리적 사고에 결정적 역할을 하게 되는 성당의 개혁도 이루어졌다. 근검절약을 염두에 두고 있던 콜로레도는 축제일과 같은 휴일의 수를 줄였으며, 성당 장식품에 대한 지출을 제한하고 미사 또한 과거보다 적은 비용으로 치르도록 지시했다.

18세기에 들어 교회음악과 비교해서 잘츠부르크의 궁정음악은 점점 더 중요해진다. 잘츠부르크 궁정악단은 본 **궁정음악**

래 미사 전후의 음악을 위한 기능을 갖추고 있었다. 그렇지만 이제는 세속적인 영역에서의 임무가 추가되었다. 연주회와 즐거운 식사를 위한 타펠무지크(Tafelmusik)를 비롯한 여러 실내악 행사가 그것이다. 그러나 18세기 중반에 들어서면서 더욱더 강력해진 시민계급 또한 음악을 사랑했다. 시민을 중심으로 한 기악 앙상블과 합창단 같은 개인 소유의 악단이 탄생했다. 모차르트의 작품들 가운데 초기 교향곡과 세레나데 그리고 디베르티멘토를 비롯한 많은 작품들이 명명일(命名日)이나 결혼식, 무도회나 가면무도회를 위한 곡으로 연주되었다. 하지만 이와는 대조적으로 음악극(Musiktheater)에 대한 관심은 형편없었다. 예를 들어 화려한 바로크 오페라와 같은 악극 작품들만이 대주교의 여름별장에 있는 소극장과 미라벨 성(Schloss Mirabel) 또는 잘츠부르크 대학에서 연주될 수 있었다. 이런 작품들은 대부분 종교적인 내용을 담고 있으며, 음악이 배경으로 사용되는 극 형식을 취하고 있었다. 요아네스 크리소스토무스 볼프강 테오필루스 모차르트(Joannes Chrysostomus Wolfgang Theophilus Mozart)라는 긴 본명의 모차르트는 1756년 1월 27일 잘츠부르크에서 출생했다. 앞쪽에 있는 세례명들은 모차르트가 탄생한 날의 성인(聖人)들 이름이다. 하지만 테오필루스(그리스어로 '신의 친구'라는 뜻)는 후에 라틴어의 아마데우스

(Amadeus) 또는 (모차르트 스스로 무수히 언급한 것처럼) 프랑스어의 아마데(Amadé)로 바뀌었다. 안나 마리아가 그를 출산하는 과정에서 어려움을 겪으며 거의 죽음의 문턱까지 갔다는 데에는 이견이 없으며, 그리하여 안나는 몸을 추스르는 데에 몇 개월을 보내야만 했다. 또한 갓 세상에 나온 모차르트 역시 생명의 위협을 느끼기는 마찬가지였다. 당시의 위생 상태

모차르트 생가를 그린 19세기의 판화. 여기서 모차르트 가족은 1773년까지 살았다

가 아주 열악했기 때문에 출산은 위험을 뜻하는 말이었다. 안나 마리아가 낳은 일곱 명의 자녀 중 오로지 볼프강과 마리아 안나 발푸르가(Maria Anna Walpurga)만이 살아남았다. 감정이 섬세하며 쉽게 흥분하는 발푸르가를 부모들은 "나네를(Nannerl)"이라고 불렀다. 1751년 형제들 가운데 맏이로 출생한 나네를 역시 음악적인 재능을 소유하고 있었으며, 뛰어난 수준이었다. 아버지는 그녀에게 피아노를 가르쳤는데 나중에는 모차르트와 경쟁할 수 있는 수준에 이르렀다. 남매는 서로에게 진심으로 부드럽게 대했고, 그런 관계는 성인이 되어서도 이어졌다. 예술적인 관심이 중심을 차지하고 있었지만 개인

적인 문제에 있어서도 그들은 거의 비밀이 없었다. 일을 위해 빈에서 체류하고 있을 당시인 1781년, 모차르트는 궁정 관료 프란츠 디폴드(Franz d' Ippold)에 대한 상사병을 앓고 있던 마리아에게 다음과 같은 편지를 보낸다. "…… 나는 누나가 빨리 건강을 회복할 수 있기를 진심으로 바라고 있어. …… 도대체 왜 디폴드는 여기서 아무것도 할 수 없다는 거지? …… 누나는 여기서 충분히 돈을 벌 수 있을 거야. 개인 연주회에서 연주하면 …… 그럴 수 있다면 우리는 아주 만족스럽게 다시 함께 생활할 수 있을 텐데."(BA 3, 158쪽 이하) 모차르트의 유년시절에 관해 알려진 것은 거의 없다. 따라서 그가 호의적인 상황 속에서 성장했을 것이라고만 짐작할 뿐이다. 모차르트 가족은 집 주인이자 향신료를 취급하는 상인이었던 요한 로렌츠 하게나우어(Johann Lorenz Hagenauer)와 친하게 지냈다. 업무와 관련된 것들에 정통했던 그는 레오폴트를 열과 성의를 다해 돕는다. 레오폴트 역시 하게나우어를 신뢰했다. 그는 급할 때 하게나우어에게 돈을 빌리기도 했으며, 나중에는 모차르트와의 여행에 관한 여러 가지 내용의 편지를 보낼 정도였다. 대부분 고급공무원 시절 알게 된 다른 친구들도 모차르트 가족을 좋아했다. 그들 가운데는 잘츠부르크 시장의 부친 지그문트 하프너(Sigmund Haffner)와 수도원장 프란츠 요제프 불

유년시절

링거(Franz Joseph Bullinger), 그리고 작곡가이자 삼위일
체 성당(Dreifaltigkeitskirche)의 오르간 주자였던 미하엘
하이든(Michael Haydn, 요제프 하이든(Joseph Haydn)의 동
생)도 있었다. 이 밖에도 피르미안(Firmian) 백작 가문과
아르코(Arco) 백작 가문 그리고 로드론(Lodron) 백작 가
문도 모차르트 가족과 알고 지내는 부류에 속했다.

레오폴트로부터 바이올린 수업을 받는 학생들이 들락날
락했기 때문에 모차르트의 집에는 항상 음악이 끊이지
않았다. 모든 것에 쉽게 접근할 수 있는 환경과 매우 지
적이고 건전한 자신감을 가지고 있던 어린 모차르트 역
시 자주 바이올린을 만졌다. 어린 모차르트는 스스로 음
정을 깨쳤으며, 레오폴트가 준 음악책에 나오는 곡들을
익혀 그중 많은 곡들을 외워 연주할 수 있었다. 모차르
트 가족과 친분관계에 있었던 잘츠부르크의 궁정 트럼
펫 주자 요한 샤흐트너(Johann A. Schachtner)는 볼프강
과 함께 연주하는 것을 좋아했다. "…… 그는 곧 음악
에 몰입할 수 있었고, 음악 이외의 그 어떤 것에도 전혀
흥미를 느끼지 못하는 듯 보였으며 이젠 젖먹이 어린애
의 연주에 반주를 하지 않을 수 없었다."(BA 4, 180쪽)
당시 네 살배기였던 볼프강은 함께 연주하는 도중에 샤
흐트너의 바이올린이 자기 것보다 8분의 1음이 낮다고
지적함으로써 샤흐트너로부터 자신의 절대음감을 인정

받았다.

다섯 살이 되면서 볼프강의 창작 욕구는 완전한 모습을 드러냈다. 나네를에 이어 이제 그 역시 피아노를 배웠다. 무리한 연습을 통해서가 아니라, 레오폴트가 강조하는 것처럼, 음악의 진행을 이해함으로써 손가락을 움직이는 것이다. 오래지 않아 그는 어린 비르투오소가 되어야 한다는 강력한 숙제를 풀어야만 했다. 이 시절 레오폴트와 게오르크 바겐자일(Georg Ch. Wagenseil), 텔레만(Telemann)과 카를 필립 임마누엘 바흐(Carl Ph. E. Bach)와 같은 다른 작곡가들의 작품으로 구성된 두 번째 연습곡 모음집이 나왔다. 레오폴트는 이 책에 수록된 작품들을 연주해 내는, 즉 그 곡들을 아주 짧은 시간에 암기해서 즉흥연주까지 해내는 아들의 능력에 매료되었다. 다섯 살의 볼프강은 최초로 미뉴에트 몇 개를 작곡했다. 그러나 이미 네 살 때 1악장 형식의 소협주곡을 작곡하려 했다는 이야기도 전해진다.

1762년 볼프강이 여섯 살이 되자 레오폴트는 거창한 계획을 생각해 낸다. 볼프강을 대중에게 선보이는 일이 '의무'이자 '사명'이라 생각했던 레오폴트는 아들의 놀라운 재능을 조속히 무대에 올릴 계획을 서둘러 추진했다. 그리고 몇 년이 지난 1768년 그는 "신이 잘츠부르크에 어떤 천재를 보내 주었는지를 세상에 알리고 싶었다"

> 우리는 처음부터 오락가락해 보이는 느낌 때문에 웃었지만 부친은 …… 악보를, 그 곡을 자세히 살펴보기 시작했다. 그는 오랫동안 뚫어지게 악보를 바라보더니, 마침내 두 가지 의미의 눈물을 흘렸다. 그것은 감탄과 기쁨의 눈물이었다. 그는 …… 모든 것이 올바르게 그리고 규칙에 맞게 배치되어 있어 더 이상의 무엇도 필요하지 않다고 말했다. 악보는 아주 비상할 정도로 난해했다.
>
> 궁정 트럼펫 주자 요한 샤흐트너가 1792년 4월 24일 마리아 폰 베르히톨트에게 보낸 편지, BA 4, 181쪽

(BA 1, 271쪽)라고 적는다.

모차르트 가족은 1762년 유럽의 문화국가들을 순회하는 대규모 연주여행을 시작한다. 부친의 소개로 남매는 음악을 사랑하는 고상한 상류사회에 알려지게 된다. 볼프강과 나네를을 대가로 만들려 하는 레오폴트의 야심적인 목표로 인해 아들의 인생은 이미 정해져 있었다. 그러나 이것이 결국 모차르트의 건강 악화의 원인이 된다. 좁은 마차를 이용함으로써 신체적인 부담을 가져오는 여행과 여관에서의 숙식, 그리고 추운 연주회장에서의 리허설과 밤늦게까지 이어지는 연주회는 볼프강의 체질을 약하게 만들 수밖에 없었다. 이로 인해 결국 그는 이른 죽음으로 내몰리게 된다.

어쨌든 레오폴트가 계획한 연주여행들은 언제나 잘 준비되었다. 뮌헨에서의 '총연습'이 끝난 지 몇 개월도 되지 않은 1762년 9월에는, 선제후(選帝侯) 막시밀리안 3세

요제프(Maximilian III. Joseph) 앞에서의 연주(자세한 내용이 알려져 있지 않은)를 위해, 더 중요한 두 번째 목적지로 향한다. 바로 빈이었다. 뮌헨 연주를 위해 그랬던 것처럼, 이번에도 역시 잘츠부르크 궁정과 수사 신부의 소개장 그리고 함께한 백작의 도움으로 연출된 적절한 입소문이 상당한 역할을 하게 된다.

빈의 신동 볼프강과 나네를이 빈에서 최초의 공연(예를 들면, 신성로마제국의 부수상 콜로레도 만스펠트(Colloredo-Mansfeld) 백작 저택에서의 공연)을 끝내자마자 사람들은 작고 활발하며 어린 비르투오소들을 열렬히 환영했다. 그렇지만 이제부터 그들은 최상의 능력을 발휘해야만 했다. 볼프강은 피아노와 쳄발로, 바이올린을 연주했고 나네를은 노래를 불렀으며 둘이 함께 연주도 했다. 여섯 살의 모차르트는 피아노 소품들을 여러 가지로 변조했으며, 사람들이 외치는 멜로디를 마음에 들 만한 반주로 맞추면서 변주뿐 아니라 즉흥연주도 해냈다. 얼마 지나지 않아 둘은 귀족들의 궁전과 시민들이 출입하는 살롱(Salon)으로부터 초청을 받게 되었고, 단 몇 주 만에 "신동들"이라는 명성을 얻게 되었다.

10월 13일 그들은 황후 마리아 테레지아 앞에서의 연주에 초대받는다. 황족은 음악적인 교양이 높았기 때문에(나중에 황제 요제프 2세(Joseph II)로 등극하는 황태자는 피아노

여섯 살의 모차르트가
황후 마리아 테레지아
에게 소개되는 장면

와 첼로를 연주했다) 모차르트 일가를 열광적으로 환영했
으며 감탄과 선물을 아끼지 않고 내주었다. 선물 중에는
상당한 액수인 금화 100두카텐(Dukaten)과 남매를 위한
두 벌의 연주복도 있었다. 여제 앞에서의 두 번째 연주
는 10월 21일에 있었다. 청중들은 지난번의 그들이 아니
었으며, 이제는 거의 가족과 같은 분위기였다. 그래서
레오폴트는 자랑스럽게 볼프강이 "황후의 무릎 위에 앉
아 목을 잡고 성심껏 키스했다"(BA 1, 52쪽 이하)라고 잘
츠부르크에 전한다.

첫 번째 빈 여행은 이후 모차르트가 유럽의 음악 문화와
더불어 여러 종류의 장르와 표현 양식의 흐름을 알게 되
는 계기가 되었다. 그러나 볼프강이 발열을 수반한 홍반
(紅班)을 앓게 되면서 이 여행은 결국 중단되었다.

5개월이 지난 뒤인 1763년 6월 9일, 거의 3년 반 동안 **파리와 런던**

계속된 파리와 런던으로의 연주여행이 시작된다. 뮌헨과 프랑크푸르트, 브뤼셀을 거쳐 11월 18일 파리에 도착한 모차르트 일가는 파리의 활기찬 모습에 강한 인상을 받는다. 레오폴트는 활기 넘치는 파리의 거리 모습과 밤 10시까지 영업을 하는 수많은 상점들에 주목했다. "상인들뿐만 아니라 재단사와 금세공사, 마구장이와 제화공 그리고 대장장이 등이, 결론적으로 모든 종류의 직업이 열려 있는 상점 안에 있으며 …… 저녁이 되면 모든 사람의 눈앞으로 상점의 휘황한 조명이 불을 밝히게 되는데, 상점마다 예닐곱 개의 아니 심지어는 10여 개의 조명이 있다."(BA 1, 131쪽)

당시 프랑스는 오락을 좋아하는 낭비적인 군주로 알려졌던 루드비히 15세(Ludwig XV)에 의해 통치되고 있었다. 또한 극장과 연주회장은 낙천적인 상류층이 차지하고 있었다. 모차르트 일가는 파리 주재 바이에른 공사 반 아이크(van Eyck) 백작의 저택에 숙소를 정했다. 오를레앙 공작(Herzog von Orléans)의 비서로 계몽주의에 빠져 있던 프리드리히 멜히오르 폰 그림(Friedrich Melchior von Grimm)은 이들 남매에게 반해 도움을 주겠다고 나선다. 곧 모차르트 일가는 최상류층에 소개되었고 볼프강과 나네를은 귀족들의 개인적인 행사뿐만 아니라 공식적인 모임에서도 연주를 하게 된다. 남매는 12월 24일

베르사유에 초대되어 왕실의 크리스마스 미사에 참석한
다. 그리고 새해 첫날 볼프강은 궁정음악회에 출연했으
며 그때 받은 선물들 때문에 압사할 지경이었다. "어제
내 아들은 백작의 영애(令愛)로부터 순금으로 된 담배상
자를 받았다. …… 그리고 은으로 만든 깃털이 장식된
은제 필기도구도 받았다. …… 내 아이들은 여기서 거의
모든 사람들을 열광의 도가니로 몰아 넣고 있다."(BA 1,
119쪽)

4월 10일 런던으로의 여행이 예정되었으며, 23일 볼프
강은 런던의 "영국식 오두막집"에 "영국식 복장"(BA 1,
146쪽)을 하고 나타났다. 왕궁에서의 대접은 잘 준비되
어 있었다. 여덟 살의 모차르트는 젊은 조지 3세(George
III) 국왕과 소피 샤를로트(Sophie Charlotte) 왕비 앞에서
세 번이나 연주했다. 곡목은 헨델(Händel)과 요한 크리스
티안 바흐(Johann Christian Bach)와 바겐자일(Wagenseil)
이었다. 레오폴트는 다음과 같이 적었다. "국왕 각하뿐
만 아니라 왕비께서 우리를 맞아 주신 은혜는 말로 표현
할 수 없을 정도이다. 간단히 말해, 가족과 같은 교류와
우호적인 성격 때문에 이들이 영국의 국왕과 왕비라는
생각이 전혀 들지 않을 정도였다. …… 그 이후 8일간
우리는 세인트 제임스 공원(St. James Park)을 산책했다.
그런데 왕비와 함께 국왕이 마차를 타고 왔다. 비록 우

리가 다른 옷을 입고 있었음에도 불구하고 국왕 내외는 우리를 알아보시고 인사를 건네셨을 뿐만 아니라, 국왕께서는 창문을 열어 머리를 내놓고 지나가시면서 특히 어린 볼프강에게 손과 머리를 흔들며 미소를 보내 주셨다."(BA 1, 149쪽) 왕족을 상대로 한 공식적인 연주회들은 예전과 같은 성공을 거두었으며, 볼프강이 자선 연주회를 열었던 레인로 가든(Ranelagh Garden) 홀에는 최소한 3000명이 모였다.

유럽을 또는 인류를 뽐낼 수 있는 가장 위대한 기적은 당연히 독일 출신의 작은 소년 볼프강 모차르트일 것이다. …… 이렇게 말하는 것은 어려운 일이지만, 피아노에 대한 그의 완성도, 다시 말해서 그의 연주와 그의 가창 …… 착상과 상상력 그리고 모든 악기를 위한 그의 작품들은 최고의 찬사를 받을 만하다.

런던에서 발행되는 신문 《The Public Advertiser》, 폴(Pohl), 1867, 123쪽

또한 런던에서 볼프강은 악극의 주류도 접하게 된다. 이탈리아의 오페라 세리아*(Opera seria, 역사나 신화적인 내용을 다루는 진지한 오페라)와, 요한 크리스토퍼 페푸슈(Johann C. Pepusch)와 존 게이(John Gay)의 시대 풍자적이면서 전통적인 멜로디를 이용한 민속적 거지오페라(Bettleropera) 등이 그것이다. 그렇지만 그 어떤 것보다 가장 중요한 만남은 바흐의 막내아들 요한 크리스티안

요한 크리스티안 바흐

*18세기 유럽을 풍미했던 이탈리아 오페라 양식으로 '나폴리 오페라'라고도 한다. 벨칸토 창법에 의한 독창과 화려한 성악 양식을 강조했고, 합창과 관현악은 부수적인 역할만 담당

바흐와의 만남이었다. 그는 런던 음악계를 이끌어 가는 인물로 꼽히고 있었다. 왕가의 음악교사로 일하던 중 왕가의 음악회에서 모차르트를 만난 이제 막 서른이 된 바흐와 볼프강과의 사이에는 긴밀하면서도 생산적인 관계가 생겨났다. 연장자였던 바흐는 모차르트에게 있어 많은 것들에 대해 조언하는 충심으로 존경할 만한 친구였다. 바흐는 포어클래식(Vorklassik)* 양식을 대표하던 음악가들의 음악을 들으며 이탈리아풍 칸타빌레의 활기차면서도 화려한 작법(作法)으로 교향곡들을 만들었다. 런던에 체류하는 동안 볼프강은 바흐의 스타일로 그의 초기 교향곡 KV16번과 KV19번을 작곡했다. 교향곡과 소나타 그리고 오페라의 초기 작품 전부에는 바흐가 볼프강에게 소개한 이러한 작곡 기법이 담겨 있다.

1765년 7월 24일에 시작된 귀로(歸路)는 겐트(Gent)와 안트웨르펜(Antwerpen) 그리고 헤이그(Den Haag)를 거치면서 어려운 시기를 겪느라 예정했던 것보다 더 오래 걸리게 된다. 14세가 된 나네를이 아주 심각한 복부 발진(發疹, Bauchtyphus)을 앓았던 것이다. 나네를이 절망적이라고 생각했던 레오폴트가 신부를 불러오게끔 할 정도였다. "나는 신의 뜻에 따라 딸의 임종을 준비했었다.

* 바로크 시대와 빈 고전주의 시대 중간의 과도기

그래서 나네를에게 성찬식(聖餐式)을 베풀었고, 신부는 딸이 너무 나쁜 상황에 있다고 생각했기 때문에 병자성사(病者聖事)까지도 행했다."(BA 1, 206쪽) 그러나 나네를이 회복되자마자 이번에는 볼프강이 심한 열병에 걸린다. "아주 비참한 상태로 …… 그는 완전한 의식불명 상태였으며 뼈와 가죽만이 앙상하게 남아 있었다."(BA 1, 211쪽) 그렇지만 남매는 회복되었으며, 후에 모차르트의 질병은 티푸스로 판명되었다. 1766년 1월 마침내 모차르트 가족은 남매의 공식적인 연주를 통해 암스테르담에 입성한다. 브뤼셀에서, 그리고 다시 파리와 베르사유에 머문 뒤 리옹과 취리히, 제네바와 로잔의 무대를 밟고 마침내 11월 잘츠부르크에 도착한다.

잘츠부르크에서의 계속적인 교육

3년에 걸친 여행 끝에 모차르트 가족은 다시금 일상생활로 돌아왔다. 힘든 여행이었던 만큼 그만한 보상도 있었다. 이제 볼프강은 피아니스트로서뿐만 아니라 바이올리니스트로, 오르간 주자로 그리고 즉흥연주가로 유명해졌다. 따라서 나네를은 뒤로 물러나야만 했다. 부친 레오폴트의 관심이 아들에게만 쏠렸기 때문이었다. 음악적인 스타일과 완벽한 작곡 솜씨를 갖고 있던 아버지 레오폴트는 먼저 헨델과 하세(Hasse) 그리고 바흐의 차남이었던 카를 바흐를 연구했다. 이어서 레오폴트는 학습 과정으로 그 이전의 작곡 방식을, 즉 엄격한 대위법

적인 표현 양식을 배우게끔 했다. 볼프강은 종교적 징슈
필(Singspiel)* 〈제1계명의 의무(Die Schuldigkeit des Ersten
Gebots)〉 1부를 작곡한다. 기독교인의 영혼 구제를 다루
는 도덕적 알레고리인 이 작품은 1767년 3월 잘츠부르
크 레지덴츠(Salzburger Residenz)에서 공연되었다. 음악
교육 외에도 볼프강은 부친으로부터 이탈리아어, 프랑
스어, 영어, 라틴어를 배웠으며 지리와 역사, 문학과 수
학에 관한 기본 지식들도 함께 익혔다. 그러나 정작 볼
프강 자신은 다른 것에 관심이 있었다. 예를 들어 그는
(후에 사람들이 그의 서고를 보고 알았듯이) 아이들을 위한 안
내서적과 여행 소개 책자를 즐겨 읽었으며, 그리기를 좋
아해 그림에 관심을 보였다. 또 타로(Tarock) 놀이와 '화
살 쏘기(Bölzleschießen)'라는 사격 연습에 대한 열정도
잘 알려져 있다. 모차르트 남매는 하게나우어의 아이들
과 함께 이 놀이를 하면서 색이 칠해진 사격 표적지를
가져오곤 했다.

겨우 10개월이 지난 1767년 9월 모차르트 일가는 인근
의 빈으로 16개월에 걸친 여행을 준비한다. 그런데 천연
두가 빈을 엄습했기 때문에 이번 시도는 무산될 위기에
처한다. 그들은 빈에 도착하기가 무섭게 바로 보헤미아

---

* 구어체의 대사가 등장하는, 희극적인 성격을 띤 18세기 독일어 오페라

지역의 올로모츠(Olmütz)로 피신하지만 그 정도 예방조치로는 아무 소용도 없었다. 감염된 남매는 두 번째로 죽음의 문턱까지 갔었고, 지독한 역병에서 천천히 회복한다.

도나우 강변의 빈으로 가기 위한 바로 다음 계획은 12월 23일로 예정되었다. 이번 여행은 브륀(Brünn)을 거치게 되는데, 병약해진 남매는 이곳에서 프란츠 슈라텐바흐 백작(잘츠부르크 대주교의 형제)의 간호를 받게 된다. 빈으로 돌아온 볼프강은 새로운 황제 요제프 2세로부터 그의 첫 번째 오페라를 작곡해 달라는 요청을 받는다. 1762년 이 '신동'을 알게 된 요제프는 후에 (비록 무조건적이 아니라 언제나 비판적이었음에도 불구하고) 볼프강에게 많은 작품을 주문하는 그의 가장 중요한 후원자이자 보호자가 된다.

궁정은 극장에 직접적인 영향을 발휘하지 못했기 때문에, 오페라 연주를 실현시키기 위해 모차르트 일가는 부르크테아터의 힘있는 감독 주제페 아플리오(Giuseppe Affligio)에게 부탁해야만 했다. 아플리오 스스로가 선택한 마르코 콜테리니(Marco Coltellini)의 가극 대본에 어울리는 유쾌한 소재인 〈보아라, 바보 아가씨(La finta semplice)〉('허울적인 단순함'이라는 뜻)라는 오페라 제목은 골도니(Goldoni)의 동명(同名) 조코소(giocoso) 드라마*에 근간

(根幹)을 두고 있다. 이 오페라는 얼마 지나지 않아 완성 되었고, 따라서 이 어리고 피곤한 경쟁상대를 제거하려 는 질투심에 불타는 사람들 또한 등장하게 된다. 아플리 오 역시 그런 부류에 속했다. 무대에 오른 몇 번의 시연 (試演)은 잘 기획되고 준비되었으나 알 수 없는 큰 실수 가 의도적으로 계획되었다. 레오폴트는 아플리오의 속 셈에 침통해 하면서 황제에게 보내는 불만의 편지를 써 서 상황을 타개해 보려 했지만 여의치 않았다. 아플리오 는, 만일 자신이 "이 아이를 깎아 내리려고 했다면 이 오 페라를 비웃게끔 그리고 야유하게끔 했을 것이다"(BA 1, 282쪽 이하)라고 말하며, 레오폴트에 대한 경고로 이 오 페라를 취소해 버린다.

빈에서의 음모

모차르트 일가가 여전히 빈에 체류하고 있던 1768년 초

> 배역들은 아직 충분하게 연구되지 않았으며, 피아노와 가 수와의 시연도 열리지 못했습니다. …… 오로지 이 작품에 바로 처음부터 사소하지만 혼란을 일으킬 수 있는 판단을 하게끔 할 목적으로 오직 1악장의 시연만이 전체 오케스트 라와 이루어졌습니다.
>
> 1768년 9월 21일 요제프 2세에게 보내는 편지,
> 레오폴트 모차르트, BA 1, 280쪽

* 모차르트는 '오페라 부파'라는 말 대신에 드라마 '조코소(해학곡)'라고 부르기도 했다.

**바스티엔과
바스티엔느**

가을 빈의 의사였던 프란츠 안톤 메스머(Franz Anton Mesmer)의 자택에서의 개인적인 연주를 위해 작곡된 것처럼 보이는 무대 작품인 〈바스티엔과 바스티엔느(Bastien und Bastienne)〉가 나왔다. 이 작품은 프랑스어의 원본 텍스트에서 따온 징슈필로, 수많은 같은 소재의 대본들 가운데 장 자크 루소(Jean-Jacques Rousseau)의 〈마을의 점쟁이(Dorfwahrsager)〉가 가장 유명하다. 민요 리듬을 담고 있는 이 소품은 경솔한 바스티엔느의 정절(貞節)을 한 마술사 덕분에 다시 얻게 되는, 질투심으로 고통받는 바스티엔을 다루고 있다. 이 작품 말고도, 모차르트를 고무시키기 위한 황제의 두 번째 주문이 이어졌다. 바이젠하우스 성당(Waisenhauskirche)의 준공식에 사용할 축하 미사곡(KV139라는 것이 주지의 사실)을 작곡하라는 것이었다. 대단한 성공을 거둔 이 곡의 초연은 소년 작곡가의 지휘로 1768년 12월 7일에 거행되었으며, 그는 이를 통해 자신의 작품을 공식적인 무대에서 처음으로 지휘하게 된다.

**초기 교향곡,
161쪽 이하 참조**

모차르트는 1767~1769년에 KV45, KV76과 같은 교향곡들을 연이어 발표한다. 이 작품들은 이탈리아 출신의 작곡가들뿐 아니라 빈의 포어클래식 작곡가인 마티아스 몬(Mathias G. Monn)과 게오르크 크리스토프 바겐자일의 영향을 받은 곡들이다. 이 교향곡들은 명랑하고 화려

하면서 모차르트의 런던 시절 교향곡들과 비교하면 상
당히 열정적이다.

볼프강이 다시금 잘츠부르크로 돌아온 1769년은 그에
게 자신만의 스타일을 발전시킬 수 있는 시간이었다. 그
는 기악곡들을 작곡했으며, 그중에는 대학 시절을 마치
면서 작곡한 D장조의 세레나데 KV100과 하게나우어의
아들로 수도사가 된 카예탄 루퍼르트(Cajetan Rupert)의
성직자로서의 첫 번째 미사를 위해 작곡했던 C장조 미
사곡 〈도미니쿠스 미사(Dominicus-Messe)〉가 있다. 그리 198쪽 이하 참조
고 5월 초에는 대주교의 성명(聖名) 축일을 기념하여 (여
전히 빈에서는 거부되고 있던) 오페라 〈보아라, 바보 아가씨〉
가 연주되었다. 대단한 감명을 받은 대주교는 1769년
9월, 당시 13세의 볼프강을 궁정악단의 제3콘체르트마
이스터(Konzertmeister)로 (무급으로) 임명하고, 다음 여행
을 위한 모차르트의 휴가를 허가한다.

세 번에 걸친 이탈리아 여행
(1769~1773년)

18세기의 작곡가라면 누구나 음악의 고향이라 할 수 있는 이탈리아 여행을 꿈꾸었다. 레오폴트 역시 아들 볼프강이 이탈리아의 음악적 성과를 둘러보고 좀 더 배우기를 바랐다. 빈으로부터의 추천장이 준비되었으며 유명한 작곡가들과의 만남과 유수한 아카데미 방문이 계획되었다. 레오폴트는 아들의 작곡가로서의 계속적인 발전뿐 아니라 새로운 의뢰와 영향력이 풍부한 후원자 그리고 좋은 조건의 초청을 염두에 두었기 때문에 가는 곳에서마다 적극적으로 볼프강을 소개했다. 그러나 빈에서 겪게 된 재정적인 적자 때문에 안나 마리아와 나네를은 같이 갈 수 없었고, 레오폴트와 볼프강 단 둘이서 여행 안내 책자에 나온 길을 따라 이탈리아로 향했다.

첫 번째 이탈리아 여행 1769년 12월 13일에 시작된 여행은 먼저 베로나로 그리고 밀라노로 이어졌다. 이곳에서 이들 부자는 롬바르디아의 총독 카를 요제프 피르미안 백작으로부터 환영을 받는다. 그는 모차르트를 도와 가장 명망 높은 가문의 집에서 연주회를 열 수 있게끔 해 주었고 13세의 볼프강

에게 밀라노를 위한 첫 번째 오페라를 의뢰한다. 이에
볼프강은 1770~1771년의 카니발 시즌을 위해 음악극
〈폰토의 왕 미트리다테(Mitridate, re di Ponto)〉를 작곡
한다. 그곳에서 볼프강은 이탈리아 오페라를 이끌고 있
던 니콜로 피친니(Niccolò Piccinni)를 알게 되며, 유명한
시인이자 대본작가인 피에트로 메타스타시오(Pietro
Metastasio)의 대본들을 접하게 되고, 이후 볼프강의 악
기 편성에 영향을 미치게 되는 초기 고전주의의 방향을
설정한 작곡가 지오반니 사마르티니(Giovanni B. Sam-
martini)의 교향곡들도 듣는다. 이후의 행로는 계속해서
볼로냐로 이어진다. 이곳에서 유명한 대위법(對位法) 이
론가인 파드레 지오반니 마르티니(Padre Giovanni
Martini)를 만난 볼프강은 가르침을 약속받는다. 피렌체
에서는 1790년에 황제의 직위에 오르는 레오폴트 토스
카나 대공(Großherzog Leopold von Toskana)의 궁전에서
연주했고, 빈의 극장들을 감독하고 있던 프란츠 크사버
로젠베르크-오르시니(Franz Xaver W. Rosenberg-Orsini)
백작도 알게 된다.

"5일에 걸친 아주 끔찍한 비"(BA 1, 333쪽)가 내린 다음인
4월 11일, 마침내 모차르트 부자는 로마에 도착해서 귀
한 신분인 팔라초 스카티치(Palazzo Scatizzi)의 집에서
머문다. 그는 교황의 급사들 가운데 한 명이었다. 도착

〈폰토의 왕
미트리다테〉

> 다음과 같은 일이 있었소. 볼프강이 두 명의 추기경이 앉아 있는 안락의자 사이에 서 있게 되었을 때, 그들 가운데 한 사람이 팔라비치니 추기경이었소. 그는 …… 볼프강에게 말을 걸었소. "당신이 누군지 나에게 말해 줄 수 있는 친절을 베풀지 않으시겠소?" 볼프강은 추기경께 모든 것을 말했고, 추기경은 아주 감탄할 정도의 대답을 볼프강에게 해주시며, 다음과 같이 말씀하셨소. "아이구, 당신이 그 유명한 소년이군요. 당신에 관한 많은 보고서가 나에게 올라왔소."
>
> 1770년 4월 14일 안나 마리아에게 보내는 편지,
> 레오폴트 모차르트, BA 1, 334쪽

당일 바로 그들은 베드로 성당으로 가서 오로지 수난주간(受難週間)과 식스티나 예배당(Sixtinische Kapelle)에서만 연주되는 전통적인 그레고리오 알레그리(Gregorio Allegri)의 작품 〈미저레레(Miserere)〉의 공연에 참석한다. 볼프강은 후에 이 기억을 더듬어 교육을 목적으로 기록한다. 세족(洗足) 목요일에 발을 씻은 뒤, 그들은 가장 막강한 영향력을 행사하던 라차로 팔라비치니(Lazzaro Pallavicini) 추기경의 식탁에까지 가게 된다. 그는 이후 몇 주 동안 볼프강의 가장 중요한 후원자가 된다.

이들 부자는 4주간 신성한 로마에서 머물다가 갑자기 나폴리로 향한다. "나폴리로 가는 14일간의 여행길은 정말 불안했고, 한 상인이 살해되었다. 곧 로마로부터 경관과 피를 부르는 회람(回覽)이 왔다. 군인들이 파견되

어 왔으며, 사람들은 이미 강도 사건이 있었으며 이때 다섯 명의 경관과 세 명의 강도가 죽었다는 사실도 듣게 되었다."(BA 3, 343쪽) 레오폴트의 말처럼 이번 여행은 위험하기 짝이 없었다. 하지만 성직자들의 호위 덕분에 무사히 나폴리에 도착한 볼프강은 음악엔 별 관심이 없었던 왕이 참석한 가운데 연주를 해야 했다. 그렇지만 결국 모두가 그의 음악에 열광했고 "왕과 왕비도 자리에서 일어났는데 왕이 조금 더 큰 것처럼 보였다"(BA 3, 358쪽)라고 레오폴트는 전했다.

아버지 레오폴트를 따라 인사를 나누게 된 나폴리 오페라의 거장 조반니 파이시엘로(Giovanni Paisiello)와 니콜로 욤멜리(Niccolò Jommelli) 등과 알게 되었다는 점 또한 모차르트에게 있어서는 중요한 일 가운데 하나였다. 모차르트 부자는 영국 공사 윌리엄 해밀턴 경(Sir William Hamilton)과 같은 지체 높은 가문에도 출입하게 된다. 해밀턴 경의 부인은 존경받는 피아노의 대가였지만, 그럼에도 불구하고 볼프강 앞에서는 "떨었다"라고 레오폴트는 만족스럽게 이야기했다. 그런 중에도 레오폴트는 나폴리의 아름다운 풍광과 고대 문화유산 또한 놓치지 않고 아들 볼프강에게 보여 주었다. "월요일과 화요일에 우리는 베수비오 화산과 폼페이 그리고 헤르쿨라네움(Herculanum)을 보다 가까이에서 보게 될 것이다."(BA 3,

361쪽) 그러는 동안 로마에서는 볼프강이 받아야 할 아주 큰 상이 준비되었다. 교황 클레멘스 14세(Clemens XIV)가 그를 "황금 박차(拍車)의 기사"로 명명한 것이다.

1770년 7월 초 로마와 작별을 고하고 그들은 약 8개월에 이르는 오랜 귀로에 오른다. 돌아오는 길에 볼프강은 약속했던 대로 볼로냐의 마르티니로부터 엄격한 대위법에 관한 수업을 받는다. 당시 목적은 가장 유명한 작곡가들만이 소속되어 있던 필라모니카 아카데미아(Accademia Filamonica)에 들어가는 것이었는데, 14세의 볼프강은 난해한 시험을 통과하고 수료증서를 받는다.

다음 목적지는 밀라노였다. 그는 이곳에서 의뢰받은 작품인 〈폰토의 왕 미트리다테〉에 열정적으로 매달렸다. 자기 아들들과 장래의 신부를 두고 싸우는 미트리다테 왕에 관한 장 라신의 드라마가 이 작품의 원작이었다. 12월 26일 레지오 두칼 극장(Regio Ducal Teatro)에서의 초연은 대성공을 거두었다. 여전히 후기 바로크 오페라 세리아(seria)에 충실한 이 작품은 20회 이상 공연되었다. 부자는 밀라노를 위한 두 번째 오페라 〈루초 실라(Lucio Silla)〉의 제작을 약속하고 난 뒤인 1771년 3월 28일 다시 잘츠부르크에 돌아올 수 있었다.

두 번째 이탈리아 여행 모차르트 부자가 약 4개월 후인 1771년 8월 13일 두 번째로 밀라노를 향해 출발하게 된 까닭은 마리아 테레지아 황후 때문이었다. 그녀는 볼프강에게 (그의 밀라노 후원 자였던 피르미안 백작의 추천으로) 그녀의 아들인 페르디난 트와 밀라노의 이탈리아 공주 마리아 리치아르다 베아 트리체 데스테(Maria Ricciarda Beatrice d' Este)와의 결혼 식을 위해 합창과 발레가 등장하는, 무대 상연에 적합한 칸타타(Kantate)인 '세레나타(serenata)'를 작곡해 달라 고 의뢰했다. 대본인 〈알바의 아스카니오(Ascanio in Alba)〉는 이탈리아인 주세페 파리니의 작품으로 비너스, 즉 결혼 중개자로서 마리아 테레지아와의 신의에 관한 우화를 다루고 있었다. 볼프강이 대본을 너무 늦게 받았 기 때문에 아주 서둘러 작곡했던 이 작품은 9월 23일에 완성되고, 레오폴트와 볼프강이 마음 졸이며 쫓아다녔 던 리허설은 10월 중순까지 계속되었다. 마침내 10월 17일 이 작품은 커다란 갈채 속에 초연되었고, 그로부터 며칠 동안 계속 공연되었다.

밀라노에서 두 번째 큰 성공을 거둔 뒤 모차르트 부자는 만족해서 고향으로 돌아올 수 있었다. 그러나 잘츠부르 크에서는 슬픈 사건이 그들을 기다리고 있었다. 그들이 도착하고 난 하루 뒤인 12월 16일 대주교가 사망한 것이 다. 후임자로는 히에로니무스 콜로레도 백작이 선출되었 다. 그는 모차르트에게 있어 보호자가 아니라 적대적인 그런 인물이었다. 그렇지만 우선은 모든 것이 잘 풀려 슈라텐바흐를 위해 작곡되었던 축제 오페라 〈시피오네의 꿈(Il sogno di Scipione)〉의 마지막 부분이 콜로레도의 즉위식을 위한 오페라로 용도가 바뀌었으며, 1772년 5월 초에 공연되었다. 여전히 고향 잘츠부르크에서의 평판을 신경 써야 하는 16세의 소년에게는 멋진 성공이었다.

세 번째 이탈리아 여행

같은 해 10월 24일 모차르트 일가는 세 번째로 밀라노를 방문한다. 이번에는 이탈리아에서 두 번째로 의뢰받은 오페라 〈루초 실라〉를 무대에 올려야 했다. 이번에도

〈루초 실라〉

역시 동명의 로마 독재자라는 인물이 문제가 되는 역사적인 사건을 다룬 오페라 세리아였다. 볼프강은 점차 질풍노도의 시기에 들어섰고 따라서 작품에서 드러나는 감정의 깊이도 깊어졌다. 12월 26일의 초연은 〈미트리다테〉의 초연만큼이나 성공적이었다. 레오폴트는 부인 안나에게 새해 인사로 다음과 같이 말한다. "당신 한번 상상해 봐. 극장 전체가 이미 5시 30분에 만원이 되었기 때문에 더 이상 아무도 들어올 수 없었지. 남녀 가수들 모두는 첫날 저녁 공연에서 처음으로 그렇게 멋진 관객들에게 자신을 보여 주어야 한다는 사실에 큰 기대와 걱정을 함께 하고 있었지."(BA 1, 472쪽) 그리고 이 작품은 놀랍게도 26회나 연속 공연되었다.

잘츠부르크 궁정악단의 콘체르트마이스터
(1773~1777년)

모차르트는 1773~1774년을 잘츠부르크에서 보낸다. 콜로레도의 취임식이 끝난 뒤인 1772년 8월 21일 그는 궁정악단의 무급 콘체르트마이스터로 임명된다. 이것은 당시 매년 150굴덴(우리 돈으로 약 400만 원에 해당한다)을 받던 젊은 바이올리니스트에게는 말하자면 추천서와 같은 것이었다. 1773년 7월 중순 부자는 궁정악단과 함께 빈으로 가게 되는데, 이것은 자신의 가족을 방문할 목적이었던 대주교를 수행한 것으로 이 기간 중 몇 안 되는 여행 중 하나였다.

콜로레도와 함께 갔던 음악가들의 임무는 알려지지 않았지만 어쨌든 두 부자는 도나우 강변의 빈을 둘러볼 수 있는 충분한 시간을 허락받는다. 여러 친구들의 방문이 계획되어 있었으며, 그들 중에는 사람에게서 사람으로 전염되는 유체(流體)의 작용에서 힌트를 얻은 '자기(磁氣) 치료법'을 주장하던 프란츠 안톤 메스머(Franz Anton Mesmer)도 있었다. 그러나 여름 별장인 락센부르크 성에 머물고 있던 마리아 테레지아 황후를 방문한 일은 별

소득이 없었다. 황후가 이번에는 연주회를 원하지 않았기 때문이었다. 레오폴트는 이 접견 기회를 당연히 아들 모차르트를 위한 자리로 이용하려 했다. 하지만 결국 볼프강을 황후의 아들인 페르디난트 대공 휘하의 밀라노 궁정악단으로 보내려던 그의 계획은 실패로 돌아간다. 대신 모차르트는 빈의 음악 생활을 살펴볼 수 있는 기회를 얻는다. 그는 하이든의 교향곡들을 들었으며, 오페라도 자주 관람했다.

오페라의 개혁자인 크리스토프 글루크(Christoph W. Gluck)와 젊은 세대들이 요한 하세(Johann A. Hasse)의 전통적인 작품들을 두고 논쟁을 벌인 것도 이때였다. 그의 작품들은 나폴리의 오페라 학파로부터 영향을 받았으며, 복잡한 줄거리와 바로크의 정열(Pathos) 그리고 엄격한 형식을 통해, 예를 들면 레지타티프(Rezitativ)와 다카포 아리아(Da-capo-Arie)를 통한 도식적인 연결을 보여 준다. 이에 반해 음악은 극을 위한 것이라고 생각한 글루크는 줄거리의 단순함과 감정의 자연스러움, 그리고 (전형화 대신에) 차별화된 등장인물의 성격을 주장한다. 그에게 서곡은 '프롤로그'의 역할이며, 아리아가 진정한 감정을 재현하며 레지타티프는 심리적으로 진실한 표현을 가능케 한다. 모차르트는 전통적인 오페라와 현대적인 오페라 사이의 차이점을 배웠고, 그도 역시 글루

글루크의 오페라 개혁

크처럼 무대 사건의 본질적인 것을 목표로 삼으며 줄거리뿐만 아니라 음악적인 변화 속에서 심리적인 과정을 추구한다. 더불어 빈 정신(Wienertum)의 원천이자 명랑하고 재기 넘치는 음악가 발다사레 갈루피(Baldassare Galuppi)의 작품을 통해 오페라 부파(opera buffa)*에 대한 연구도 했다.

물론 모차르트가 작곡 활동을 하지 않은 것은 아니었다. 토비아스 필립 게블러 남작(Tobias Philipp Freiherr von Gebler)의 드라마에 곡을 붙인 〈이집트 왕 타모스(Thamos, König in Ägypten)〉는 1774년 4월 빈의 캐르트너토어테아터(Kärntnertortheater)에서 초연되었다. 또한 모차르트는 자신의 음악적 발전에 있어 중요한 여섯 개의 현악4중주(KV168~KV173)도 작곡했다. 이 작품들에서 그는 하이든의 4중주 op.17과 op.20(1771, 1772년)을 모범으로 삼아 푸가 및 모티프와 테마 상호 간의 계속적 발전과 같은 작곡상의 기본 원칙들을 실험하고 있다.

그들은 빈에서 돌아온 뒤인 1773년 가을 잘츠부르크에 있는, 오늘날 마카르트프라츠(Makartplatz)라고 불리는 하니발플라츠(Hannibalplatz)에 있던 '무용교습소'를 인

---

*18세기 중반 나폴리에서 시작된 징슈필로, 줄거리는 남녀 다섯 명 정도의 희극적 인물과 한 쌍의 연인이 등장한다.

수한다. 새롭고 화려한 이 건물에는 8개의 방이 있었으며, 음악을 연주할 수 있는 넓은 홀도 있었다. 드디어 모차르트는 작곡을 하는 데 필요한 자신만의 공간을 갖게 된 것이다. 이 집에는 정원이 딸려 있었는데, 이곳은 여름철의 편안한 휴식처는 물론 작곡을 하기 위한 장소로, 그리고 지금의 볼링과 비슷한 구주희(九柱戱)와 사격(Bölzleschießen)을 하기 위한 장소로도 사용되었다. 이 시기 모차르트 일가는 상당히 수준 높은 생활을 하게 된다.

1773년 가을에서 1774년 11월까지의 모차르트의 생활에 관한 기록은 거의 남아 있지 않다. 그렇지만 당시 나온 작품 번호는 젊은 모차르트의 창작능력이 엄청났음을 보여 준다. 이때의 교향곡들은 내면화와 극적 긴장관계를 띠게 되는데, G단조 교향곡 KV183과 A장조 KV201이 그 예다. 질풍노도적인 태도는 모차르트가 과거 빈에서 들을 수 있었던 하이든의 비슷한 작품들을 연상시킨다. 그러나 증명되지는 않지만, 이 시기의 젊은 모차르트는 아주 많은 위기(나이 때문에 생기는)를 경험하게 되며, 아마도 호색한 몰입을 통해 이를 해결했으리라는 추측은 가능하다. 1773년 모차르트는 D장조 피아노 협주곡 KV175와 B장조 파곳 협주곡(Fagottkonzert) 같은 최초의 독주 협주곡(Solokonzert)을 작곡한다. 이것 말고도

C장조 미사곡인 〈Missa in honorem sanctissimae 198쪽 이하 참조
Trinitatis〉와 인기를 누리고 있는 솔로 모테트(Solo-
Motette) 〈춤추라, 기뻐하라(Exsultate, jubilate)〉와 같은
교회음악이 이때 나왔다.

1774년 늦여름 또는 가을쯤 모차르트는 뮌헨의 극장 감 〈가짜 여정원사〉
독인 요제프 제아우 백작(Joseph A. Graf von Seeau)으로
부터 궁정의 극장에서 카니발에 사용할 오페라 부파 하
나를 작곡해 달라는 의뢰를 받는다. 대본은 주세페 페트
로셀리니(Giuseppe Petrosellini)의 작품 〈가짜 여정원사
(La finta giardiniera)〉로, 한 쌍의 남녀가 마지막에 서로
에 대한 용서를 하기 전까지 사랑과 질투와 혼란스러운
것들이 문제가 되는 작품이었다. 12월 초에 벌써 전체
악보의 상당 부분이 완성되었으며, 12월 6일 모차르트
부자는 뮌헨으로 떠난다. 반쯤 열린 마차를 타고 가는
여행길은 노독(路毒)과 추위가 모차르트를 괴롭혔다. 레
오폴트가 아내에게 "볼프강은 얼굴이 부어올라 6일간이
나 집 밖으로 나가지 못했소. 양 볼은 안팎으로 부풀어
있었고 오른손도 마찬가지였소"(BA 1, 511쪽)라고 이야기
할 정도였다. 초연은 두 번씩이나 연기되었다. 그렇지만
이번에는 내부적인 갈등 때문이 아니라, 강도 높은 리허
설 작업 때문이었다. 초연은 1775년 1월 13일 궁전의 신
하들이 참석한 가운데 레두텐홀(Redoutensaal)에서 열렸

다. 공연은 대단한 성공을 거두었으며, 비평가들로부터도 "천재의 빛을 발한다"는 말을 들었다. 〈가짜 여정원사〉는 비록 후기 바로크 오페라 부파의 양식을 따르고 있지만, 극적인 전개 때문에 오페라 세미세리아(semi-seria), 다시 말해서 부파와 세리아의 혼합 형태와 비슷하다. 음악적 특징을 묘사해 나가는 기술, 순수한 감정의 표현은 과거 모차르트의 작품을 이미 넘어섰을 뿐만 아니라, 공식적으로 모차르트는 이제 차별화된 (여러 개로 구성된) 아리아 형식을 이용하여 자신만의 새로운 길을 걷는다.

> 내 오페라가 어제 …… 상당히 좋았기 때문에, 나는 어머니께 믿을 수 없을 정도의 환호를 설명할 수 있어요. …… 아리아가 끝날 때마다 사람들은 박수갈채를 보냈고 비바 마에스트로라고 엄청나게 소리를 질러 댔어요.
> 1775년 1월 14일 안나 마리아에게 보내는 편지, 모차르트, BA 1, 516쪽

194쪽 '피아노 소나타' 이하 참조

1774~1775년 겨울 모차르트는 KV279에서 KV284까지 일련의 피아노 소나타를 작곡한다. 원래 순회 연주에 쓰려고 마음먹었던 작품들이었는데, 19세의 모차르트는 시인 크리스티안 슈바르트(Christian F.D. Schubart)의 자택에서 뮌헨의 궁정 음악감독이자 피아니스트였던 이그나츠 프란츠 폰 베케(Ignaz Franz von Beecke)와 개인적인 '내기 연주'를 하면서 그것들을 선보인다. 물론 나이가 어린 모차르트가 먼저 연주했다. "모차르트는 주어진 모든 악보를 치우고 연주했다. 그러나 …… 베케는 그를

훨씬 능가했다. 날아가는 듯한 속도, 감미로운 달콤함은
…… 위협적이었다. 어느 누구도 헤라클레스와 같은 베
케의 힘에 도전할 수 없을 것이다."(토이체 크로닉
(Teutsche Chronik), 1776, 슈바르트, 1975, 391쪽)

그때부터 1779년까지의 기간은 모차르트에게 있어 끊
임없는 학습과 탐구 그리고 성장의 시기였다. 따라잡고
자 했던 것들에 대한 성취감은 엄청났지만, 모차르트에
게는 자기 자신만의 변하지 않는 음악적인 표현을 찾는
것이 더 중요했다. 다행히도 콘체르트마이스터라는 직
책은 작곡하는 일에 전념할 수 있는 자리였다. 따라서
이 시기에 나온 작품들은 궁정에서뿐 아니라 잘츠부르
크 귀족들 소유의 오케스트라와 지체 높은 시민 계급 사
이에서도 연주되었다. 혼자 또는 다른 음악가와 연주하
는 독주곡들과 학생들을 위한 피아노 소품들도 상당히
많이 작곡되었지만 그의 스타일은 여전히 완성되지 못
한 상태였다. 다만 로코코의 우아함과 감상주의적 경향
그리고 질풍노도의 정신만은 밀접하게 병립(竝立)하고
있었다.

1775년 모차르트는 오늘날 널리 연주되고 있는 다섯 개
의 바이올린 협주곡을 작곡한다. 이 작품들이 당시 잘츠
부르크의 바이올리니스트 안토니오 브루네티(Antonio
Brunetti)를 위해 작곡되었을 가능성도 있지만, 모차르트

182쪽
'바이올린 협주곡'
이하 참조

역시 뛰어난 바이올리니스트였고 자신의 연주를 위해 협주곡을 작곡하는 데도 관심을 갖고 있었다.

174쪽
'피아노 협주곡'
이하 참조

1776~1777년 그는 B장조 KV238, F장조 KV242, C장조 KV246, E플랫장조 KV271과 같은 피아노 협주곡들을 작곡한다. 이 작품들은 비록 여전히 궁정에서 요구하는 틀에 맞게 연주하게끔 되어 있었지만, 강력한 감정의 폭발과 대범한 화음의 사용을 통해 나중에 등장할 그의 개인적인 표현 양식을 예고하고 있었다. 당시의 가장 중요한 교회음악 작품들로는 '크레도 미사곡(Credo-Messe)'이라고 불리는 C장조 미사곡 KV257과 C장조의 '솔로 오르간 미사곡(Orgelsolo-Messe)'이라는 별칭의 〈브레비스 미사곡(Missa brevis)〉이 있다.

198쪽
'잘츠부르크
미사곡'
이하 참조

이후 모차르트의 작품 속에는 점차 '사교적인 여흥음악(gesellige Unterhaltungsmusik)'이 중요한 자리를 점하게 된다. 잘츠부르크에는 음악을 필요로 하는 축제들이 자주 있었고 모차르트의 음악은 그에 걸맞는 역할을 하게 된다. 이런 음악회를 개최한 사람들은 대주교 말고도 궁정의 귀족과 지방 귀족 그리고 음악을 사랑하는 시민계급이었는데, 음악은 행진이나 무대공연 또는 무용공연 등과 같은 부차적인 활동과도 긴밀히 연관되어 있었다.

188쪽
'세레나데'
이하 참조

모차르트의 세레나데와 디베르티멘토(Divertimento) 그리고 이와 유사한 작품들은 이런 것들과 잘 맞아떨어졌다.

사회적이며 개인적인 동기를 염두에 둔 작품은 종종 여름철에 나오게 되며 (예를 들어, 대학생들이 기본 과정(Grund-studium)에서 전공 과정(Hauptstudium)으로 올라가기 전에 열리는 연례행사인 대학의 졸업 축제처럼) 주로 야외에서 공연되었다. 모차르트는 축제를 위한 '졸업 음악(Finalmusik)'을 작곡해 달라는 부탁을 자주 받았다. 이런 행사의 피날레는 정확하게 정해져 있는데 먼저 악대가 대주교의 여름 별장인 미라벨 성으로 행진해 들어가 그곳에서 음악을 연주한다. 그리고 나서 교수들과 학생들이 모여 있는 콜레기엔플라츠(Kollegienplatz, 오늘날의 대학 광장)에서 같은 음악을 다시 연주하는 것이다. 이와는 달리 1776년 7월 21일 전직 잘츠부르크 시장이었던 지그문트 하프너(Sigmund Haffner)의 딸 엘리자베스 하프너(Elisabeth Haffner)의 결혼식에서 연주된 '하프너 세레나데'는 개인적인 의뢰를 통해 나오게 된 모차르트의 세레나데 가운데 하나였다. 〈세레나타 노투르나(Serenata notturna) KV239〉뿐만 아니라 그가 1787년에야 비로소 완성했던 〈아이네 클라이네 나흐트무지크〉 역시 잘 알려져 있다. 1775~1777년은 모차르트의 작품이 꽤나 많이 쏟아져 나온 생산적인 시기였다고 볼 수 있지만 모차르트 개인에게는 결코 만족스러운 시간이 아니었다. 오페라를 작곡해서 올릴 만한 극장도 없을 뿐만 아니라 연주 무대를

잘츠부르크의 제후
겸 대주교 히에로니
무스 폰 콜로레도,
요한 미하엘 그라이터
(Johann Michael
Greiter)의 유화,
1775년 작품

찾고 음악을 이해하는 관객도 부족한 잘츠부르크의 협소함은 그의 인내심을 잃게 만들었다. 더구나 모차르트의 새로운 고용주 콜로레도는 상황을 더욱 어렵게 만들었는데, 모차르트를 끊임없이 후원하고 개방적이며 사람을 좋아하던 그의 전임자와는 달리 콜로레도는 냉정하게 거리를 두고 모차르트를 대했다. 그것은 계몽적인 철학을 지니고 잘츠부르크를 통치하던 콜로레도의 방식이었다. 콜도레도의 계몽적인 통치 방식은 잘츠부르크에는 긍정적인 영향을 미쳤지만 음악문화에는 큰 부담으로 다가왔다. 콜로레도에게 있어 음악의 목적은 분명했다. 음악은 극을 공연할 때, 만찬과 예배 때에만 필요한 것이었다. 기악곡은 이탈리아의 그것을 따라야만 했으며 미사곡들은 짧아야만 했다. 그러나 점점 더 자신만의 형식을 추구하기 시작한, 예를 들어 미사곡에서 새로운 표현 가능성들을 모색하던 젊은 모차르트에게 있어서 이러한 상황은 전혀 만족스럽지 못했다.

대주교와의 갈등 통치를 통해 콜로레도가 보여 주었던 엄격함과 모차르트를 '단순히' 하나의 음악가로만 취급하는 무례함은 그를 점점 더 참을 수 없게 만들었다. 레오폴트처럼 볼프강 역시 지위와 명성이 있는 인물들에 의해 흔들리지는 않았다. 그러나 칼자루는 콜로레도가 쥐고 있었고 모차르트도 예외 없이 아랫사람으로 다루어졌다. 결국 개인적인 비난을 받았다고 느낀 모차르트는 반기를 들기 시작했고, 그의 과민함과 반감은 증오로 변하게 된다. 물론 이로 인해 콜로레도는 모차르트와 더욱 거리를 두게 되었을 뿐만 아니라 모차르트를 강압적으로 대하는 결과를 가져왔다. 이 시기에 모차르트의 자의식은 성장했으며, 사회적 차별에 대한 시선이 날카로워지면서 그의 오페라에서 또 하나의 역할을 하게 된다.

1775~1777년의 모차르트는 잘츠부르크를 떠나야겠다는 생각을 분명히 하게 된다. 자신이 원하는

> 대주교는 자신은 궁정에 있는 사람들을 광석(鑛石)으로 생각한다고 말했어요. 그래서 나도 그렇게 생각한다고 말했지요. 그 사람 앞에서도 나는 자유로워요. 나와 함께하지 않으면, 나도 함께하지 않을 거예요. 누군가가 나를 경멸하고 하찮게 평가한다는 것을 알아도 나는 돌부처처럼 있을 자신이 있어요.
>
> 1781년 6월 2일 빈에서 부친에게 보내는 편지, 여기서 그는 아르코 백작(Graf Arco)과의 대화를 이야기하고 있다. BA 3, 124쪽

오페라를 작곡하고, 음악을 진정으로 즐기고 아낄 줄 아는 청중 앞에서 작품을 공연하는 독립적인 예술가를 꿈꾸었던 것이다. 때문에 잘츠부르크보다는 넓은 세계에서 자신의 미래를 찾고자 했다.

1777년 3월 중순에서 8월 초에 걸쳐 레오폴트 모차르트 **휴가를 원함**

는 자신과 아들을 위해 대주교에게 휴가원을 제출했지만 허락받지 못했다. 이후 레오폴트는 신앙적인 이유를 들어 볼프강이 악단에서 떠날 수 있게끔 청원했다. 대주교는 볼프강으로부터 다음과 같은 말을 들어야만 했다. "아이들이 신으로부터 재능을 많이 받으면 받을수록 그들은 부모를 도와 주기 위해, 또 자신의 발전과 미래를 위해 그 재능을 사용할 수 있음에 더욱 감사해야 합니다. 복음서는 우리들에게 이러한 달란트의 비유를 가르치고 있습니다."(BA 2, 5쪽)

대주교는 격노했고 모차르트의 휴가를 허락했다. 하지만 볼프강뿐 아니라 레오폴트 역시 떠나라고 명령했다. 모차르트 부자는 콜로레도의 강경한 태도에 당황했다. 생활을 잃을지도 모른다는 불안이 가족들을 엄습해 왔다. 콜로레도의 격노가 누그러지면서 가족들은 안정을 되찾긴 했으나 볼프강이 계획한 여행 대신 휴가를 주겠다는 연락과 함께 훈계를 받게 된다.

어쨌든 볼프강은 잘츠부르크를 떠나게 되었다. 그러나 이번엔 또 다른 문제가 발생했다. 모차르트는 혼자 떠나겠다고 고집했고 부모는 그런 아들을 믿지 못했다. 21세의 모차르트는 능숙한 처세술을 펼치기엔 너무 의존적이었으며 세상물정에 너무도 어두웠다. 그가 영리한 결정을 할 수 있을까? 돈 관리를 제대로 할 수 있을까? 낯

선 곳에서, 낯선 사람들과 부딪히며 맞닥뜨려야 할 부정
적인 관계들을 과연 견뎌 낼 수 있을까? 부모는 모차르
트의 고집을 꺾기 위해 애썼고 마침내 해결책을 내놓았
다. 이번에는 부친이 아니라 모친이 그와 동행하는 것이
었다.

만하임과 파리로의 여행: 실망과 자아 발견
(1777~1781년)

1777년 9월 23일에 시작된 여행은 뮌헨으로 향했다. 〈가짜 여정원사〉의 성공 이후 모차르트는 뮌헨에서 자리를 구했으면 하는 바람을 가졌지만, 선제후 막스 3세 요제프(Kurfürst Max III. Joseph)는 모차르트가 책임이 막중한 일을 맡기에는 너무 젊다고 생각했다. 모차르트는 궁정 음악감독이었던 제아우 백작으로부터 '가문의 작곡가'로 매년 3~4편의 오페라를 작곡해 달라는 제안을 받는다. 그러나 그가 제시한 사례금의 액수는 너무 형편없었다. 이 같은 빈약하고 비현실적인 제안에 안나와 볼프강은 실망하고, 더 나은 기회를 위해 우선 아우크스부르크로, 다음에는 만하임으로 발길을 돌린다. 선제후 카를 테오도르(Kurfürst Karl Theodor)가 소유하고 있던 만하임 오케스트라는 정확하고 열정적인 연주로 명성을 떨치고 있었으며, 모차르트는 첫 번째 서부 유럽 여행 중에 만하임을 거쳐 지났기 때문에 1763년에 이미 선제후를 알고 있었다. 오케스트라의 음악가들 중에는 요한과 카를 슈타미츠(Johann und Karl Stamitz) 부자(父子)와 프란츠 베크(Franz Beck) 그리고 크사버 리히터(Xaver Richter)와 같은 유명한 작곡가들이 있었다. 그중 리히터의 교향곡들은 힘이 넘치고 역동적인 상승과 극적 긴장 관계 그리고 이중적 주제와 같은 표현 수단이 특징적이었으며, 모차르트는 나중에 이것을 받아들인다.

또한 만하임은 궁정극장으로도 유명했다. 징슈필을 지원하고 있었고, 1777년 초 독일의 역사와 덕목과 문제들을 표현하는 독일적인 오페라를 만들기 위한 초기 작품 이그나츠 홀츠바우어(Ignaz Holzbauer)의 오페라 〈슈바르츠부르크의 귄터(Günther von Schwarzburg)〉가 여기서 초연되었다. 모차르트는 이 공연을 보고 감동받는다.

모차르트는 만하임에서 호른 협주곡을 내놓는다. 선제후는 젊고 자의식이 강한 모차르트에게 호감을 갖지만 궁정악단장이라는 자리 문제에 있어서는 여전히 불분명한 태도를 취했다. 오케스트라의 단원들 역시 공개적으로 모차르트를 반대했다. 몇 가지 이유 가운데 모차르트의 방탕한 태도도 문제가 되었다.

만하임의 궁정악단 지휘자 크리스티안 카나비히(Christian Cannabich)의 귀여운 딸 로제(Rose)는 모차르트로부터 피아노 레슨을 받았다. 둘 사이엔 부드러운 맹목적 사랑이 생겨난다. 그들은 자주 밤늦게까지 둘러앉아 즐거운 시간을 함께 보내며 술을 마셨고 음탕한 이야기를 나눴다. 이것은 젊은 모차르트가 부친의 충고와 경고를 망각한 첫 번째 사건이었다. 모차르트에게 있어서 이제 만하임은 해방의 장소였고, 방종과 도취의 장소였다.

또한 만하임은 모차르트에게 첫사랑을 안겨 준 곳이기도 했다. 그는 성악가이자 악보를 옮겨 적는 일을 하던 프리돌린 베버(Fridolin Weber) 가족과 알고 지냈는데, 그의 딸 알로이시아(Aloysia) 역시 이제 풋내기 성악가였다. 모차르트는 사랑에 빠졌다. 그는 자주 베버의 집에 초대되어 알로이시아와 함께 아리아를 연습했다. 그는 가난한 환경 속에서도 즐겁고 자유분방하게 살아가는 베버 가족에게 자기도 모르는 사이에 이끌리게 된다. 모차르트는 알로이시아와 함께 이탈리아로 가서 그녀를 프리마돈나로 만들려는 원대한 계획을 세운다. 그는 부친에게 다음과 같은 편지를 보낸다. "나는 이 가난한 가족을 정말로 사랑하기 때문에 원하는 것이라곤 오로지 그들을 행복하게 해 주고 싶다는 것뿐이에요." 게다가 이렇게 하도록 도와 달라고 하면서 부친을 몰아세운다. "나는 아버지께서 우리가 이탈리아에 갈 수 있게 도와줄 것을 부탁드려요. …… 베로나에서 나는 기꺼이 금화 50체히니에 오페라를 쓸 거예요. 단지 그 정도만 있으면 그녀는 명성을 얻을 테고 …… 그때까지 나는 그녀와 함께 다른 도시를 돌며 내가 고통받지 않을 정도의 돈을

알로이시아 베버

벌 거예요."(BA 2, 253쪽)

레오폴트의 편지는 아들이 올바른 결정을 내리기를 바라는 내용으로 가득 차 있었다. 아들의 약점들을 너무나도 잘 알고 있던 레오폴트는 걱정스러운 마음에 계속해서 아들에게 누구든 무조건적으로 믿지 말 것과 결코 "너무 몰입하는 생각이나 맹목적인 생각"에 빠지지 말라고 충고했다.

알로이시아 랑에 (처녀 때 성은 베버)는 후에 빈에서 가수로 대성공을 거둔다

그렇지만 자제력을 잃은 볼프강은 지금 자신의 머리 속에는 오로지 알로이시아뿐이며 자신은 주어진 운명대로 살 것이고, 또한 만하임의 오르가니스트라는 자리에 연연하지 않을 것이며 선제후를 위한 대작도 쓰지 않겠다는 분노에 찬 편지를 쓴다. 모차르트의 머리 속은 뒤죽박죽이 되었으며, 그는 의기소침해졌다. 그는 여전히 악단 지휘를 맡고 있던 카나비히의 도움을 바라고 있었지

베버 씨와 그의 두 딸과 함께 순회 여행을 하겠다는 너의 생각은 거의 나를 돌게 만드는구나! 사랑하는 아들아! 너는 어떻게 그런 끔찍한 생각을 한 순간에 할 수 있는 거지? 그리고 너는 진짜로 낯선 사람들과 세계를 여행할 수 있다고 생각하는 거니? 너의 명성을, 너의 늙은 부모를, 너를 사랑하는 누나를 제쳐 놓는 거니?

1778년 2월 12일 모차르트에게 보내는 편지,
레오폴트 모차르트, BA 2, 276쪽

만, 지원을 필요로 했던 궁정 음악감독 사비올리 백작이 주저하게 되고 선제후 역시 새로운 직책으로 인해 생길 비용 지출 때문에 어떠한 결정도 내리지 못했다. 모차르트는 실망감에 빠졌고 결국 이용만 당했다는 생각을 한다. 찬사를 불러일으킨 성에서의 연주와 대가(代價)를 받지 못한 선제후의 아들을 위한 작품들 그리고 피아노 레슨들, 모든 것이 이렇게 끝나는 것인가?

아무런 말도 없이, 동요하는 마음을 갖고 그는 1778년 3월 프랑스를 향해 계속 여행한다. 상인이었던 드 장(de Jean)을 위한 두 개의 플루트 협주곡(G장조와 D장조, 후자는 오보에 협주곡을 개작한 것이다)을 끝냈을 때 아버지 레오폴트는 "파리로 곧 너를 찾아가겠다!"며 화를 낸다. 모차르트는 사랑하는 여인을 잃을지 모른다는, 그리고 여전히 그의 인생을 좌지우지하는 부친을 화나게 할지 모른다는 걱정 때문에 혼란에 빠졌다. 파리에서 모차르트와 그의 모친은 싸구려 숙소에서 지낼 수밖에 없었다. 모친 안나 마리아는 여전히 어두운 방 안에 "꼼짝 못하고 앉아 …… 하루 종일 아들을 볼 수 없었다."(BA 2, 330쪽) 그래서 안나는 4월 5일 남편에게 아들이 먼저 떠나려는 계획을 세우고 있다는 편지를 쓴다. 모차르트는 과거 자신의 가족이 처음 파리에 체류했을 당시 도움을 주었던 그림(Grimm) 남작에게 사정 이야기를 한다. 그림의 조언에 따라 그는 드 샤보(de Chabot) 공작부인과 알고 지내면서, 무관심하고 교만한 귀족들 앞에서 피아노를 연주한다. 기네스(Guines) 공작은 자신과 하프를 연주하는 딸을 위해 협주곡 하나를 작곡해 달라는 부탁을 한다. 그러나 플루트와 하프와 오케스트라를 위한 C장조 협주곡은 사례금을 거의 받지 못했다. 마침내 그는 주로 종교적 작품들을 무대에 올리는 '콘서트 스피리추얼(Concerts spirituals)'이라는 기관의 책임자와 만나는 데 성공한다. 그는 6월 18일 '콘서트 스피리추얼'에서 무대에 올릴 교향곡 하나(⟨파리 교향곡(Pariser Sinfonie)⟩)를 의뢰받게 된다. 그러나 성공은 모차르트를 빗겨갔다. 오로지 단순한 것을 원하는 청중들에게 모차르트 교향곡의 중간 악장은 너무 복잡했던 것이다. 그 후 모차르트는 파리를 위한 오페라를 작곡하겠다는 열망을 갖고 있었지만 이러한 그의 의도 역시 무산되고 만다. 파리 오페라의 발레마이스터였던 장 노베르(Jean Noverre)가 그의 계획을 관철시킬 수 있을 만한 위치에 있지 못했기 때문이다.

파리에서의 실패

모차르트는 과거 1763년에 자신이 받았던 그런 열광적 환호를 받지 못했다. 당시 그는 신동으로 파리에 왔지만, 이제는 파리에서 성공을 추구하는 많은 사람들 가운데 한 명일 뿐이었다. 관객은 센세이셔널한 것에만 관심을 보였다. 예를 들면, 프랑스 오페라 신봉자들과 이탈리아 오페라를 지지하는 사람들 사이에서 벌어진 글루크당(Gluck Partei)이냐 푸치니당(Puccinni Partei)이냐를 따지는 고성(高聲)의 논쟁이 관심을 끌었다. 사람들은 불필요할 정도로 서로를 시샘했고 누군가가 성공하는 것도 못마땅해 했다. 따라서 모차르트는 사람들에 대한 불쾌감과 더불어 세계적인 도시 파리에서의 냉담한 대접에 점점 반감이 쌓여 갔다. 작곡 의뢰는 더 이상 들어오지 않았고 돈은 점점 떨어져 갔다. 모차르트는 재정적인 파탄을 피하기 위해 피아노 레슨을 해야만 했다. 여기에는 사랑의 아픔과 알로이시아를 사모하는 마음을 잊기 위한 목적도 있었다.

파리에 도착한 지 얼마 되지 않은 1778년 4월 초 모차르트의 모친 안나 역시 이러한 상황으로 인해 점점 더 고통받기 시작한다. 재정적인 이유 때문에 점점 더 싸구려 숙소로 옮겨 가면서 그녀는 고독감을 느끼게 되며, 아들에 대한 걱정과 자신이 아들에게 아무것도 해 줄 수 없다는 무력감에 괴로워한다. 모차르트는 안나의 충고에 귀기울이지 않고 자신의 뜻대로만 행동했으며, 그런 행동이 정당하다는 확신마저 갖고 있었다. 안나 마리아의 정신적인 괴로움들이 그녀의 육체를 짓누르기 시작했다. 몇 주 전부터 그녀는 두통과 치통 그리고 귀의 통증

으로 고통받고 있었다. 그러다가 6월 중순 상태가 악화
되면서 결국 모친은 몸져눕는다. 아마도 티푸스에 걸린
것 같았다. 의사를 불렀지만 때는 이미 늦었다. 안나 마
리아는 7월 3일 조용히 그리고 불평 한마디 없이 눈을   **어머니의 죽음**
감았다.

슬픔과 절망에 빠진 모차르트는 이제 끝나게 될 파리 체
류의 마지막 몇 주를 그림 남작의 집에서 머문다. 이런
슬픈 소식을 잘츠부르크의 가족들에게 차마 알리지 못
했던 모차르트는 가족과 알고 지내던 불링거(Bullinger)
를 통해 부친에게 알린다. 레오폴트는 할 말을 잊는다.
그리고 남작 또한 파리는 이제 더 이상 기회의 땅이 아니
니 레오폴트가 볼프강을 불러들여야만 한다는 내용의 편
지를 잘츠부르크로 보낸다. 정신적인 충격을 받은 모차
르트는 의기소침한 모습으로 9월 말 귀향길에 오른다.

모차르트의 귀향은 (집으로 돌아가는 데 서두를 필요도 없었기

그는 너무 순수하고, 너무 활동적이지 못하고, 너무 쉽게
실망하고, 성공으로 이끄는 수단을 너무 모릅니다. 여기서
헤치고 나가기 위해선, 약삭빨라야 하며 위험을 감수해야
만 하고 대범해야 합니다. 나는 그의 운명에 반쯤만 되는
재능을 바랐는데 두 배나 더 똑똑했습니다. 그래서 나는 그
를 염려하지 않을 수 없습니다.

1778년 8월 13일 레오폴트 모차르트에게 보내는 편지,
프리드리히 멜히오르 폰 그림(Friedrich Melchior von Grimm),
BA 2, 442쪽

때문에) 4개월이나 걸렸고 자주 중단되었다. 그래도 잃지 않고 있었던 것은 알로이시아에 대한 사랑이었다. 젊은 성악가였던 그녀는 뮌헨의 궁정극장에서 일자리를 구했기 때문에 모차르트는 독일적인 오페라를 보유하고 있어야만 하는 제국의 수도인 뮌헨으로 초청받게 될 것을 확신하고 있었다. 그러나 알로이시아는 그런 희망으로 가득 차 있던 자신의 숭배자에게 심한 실망감을 안긴다. 만하임에서 비통한 이별의 눈물을 쏟아 냈던 그녀는 프리마돈나로 성공하자 이제는 일자리도 없는 음악가에게서 차갑게 등을 돌려 버린다.

절망에 빠져 자제력을 상실한 그는 한 지인의 집으로 도피한다. 그리고 며칠 동안 말을 잊는다. 이미 1777년 만하임으로 가던 도중에 방문한 적이 있던 아우크스부르크의 여자 사촌 마리아 안나 테클라(Maria Anna Thekla)에게 도움을 요청하여 지원을 받게 되지만 모차르트는 뮌헨에 잠시 동안만 머무른다. 1779년 1월 중순 몇 주 동안 어머니를 대신한 역할로, 사랑의 환영으로 그의 곁을 지켜 준 '배슬레(Bäsle)'라는 애칭의 여자 사촌과 함께, 그리고 거의 1000굴덴(Gulden)이나 되는 빚을 안은 채 모차르트는 잘츠부르크로 돌아간다. 안나 마리아를 잃은 고통은 레오폴트와 볼프강을 다시금 가까워지게 만들었다.

모차르트와 '배슬레'는 후에 방탕하며 천박한 암시를 보여 주는 일련의 편지들을 교환한다. 이 편지들은 모차르트의 죽음 뒤 여러 사람들에 의해 부풀려져 잘못된 오해를 낳는다. 실제로 모차르트와 여성들과의 관계는 비록 편견이 없는 그런 것이었지만, 때로 그에 대해 전해 내려오는 '탈선적인 성생활'은 가상의 영역에 속한다. 그가 정말로 연애를 좋아하고 농담을 즐기며, 사랑 표현에 대해 공개적으로 반응한다는 것은 잘 알려져 있지만, 그럼에도 불구하고 사랑과 관련된 것들에 있어서 그는 기본적으로 윤리적이다. 따라서 그는 친구인 코트프리트 폰 자킨(Gottfried von Jaquin)에게 다음과 같이 토로한다. "들떠 있는 경솔한 사랑에 대한 만족감은 진실되고 지성적인 사랑을 만들어 내는 정신적인 것과는 크게 구별되지 않는가?"(BA 4, 59쪽)

대주교의 궁정에서의 새로운 시작은 모차르트에게 어려움으로 다가왔다. 레오폴트는 아버지로서 콜로레도와 화해하고 아들 볼프강이 자신의 직책으로 복귀하는 것을 돕기 위해 할 수 있는 모든 것을 다했지만 9월부터 기다리고 있던 대주교는 이 젊은 부랑자를 차갑게 대했으며, 점점 거리를 두었다. 이제 모차르트는 더 이상 콘체르트마이스터가 아니라 궁정과 성당에 새로운 곡을 작곡해 제출해야 하는 의무를 지닌 궁정의 오르가니스

궁정 오르가니스트로서의 새로운 시작

트일 뿐이었다. 하지만 어쨌든 과거보다, 심지어 450굴덴을 더 받게 된 데서 보듯이 대우는 좋아졌다. 작곡 활동은 모차르트에게 새로운 자신감을 가져다 주었으며, 그에 따라 1779~1780년에 수많은 야심적인 작품들이 등장하게 된다. 이미 비교적 친밀한 G장조, B장조, C장조(KV318, 319, 338)의 교향곡과 2대의 피아노를 위한 명랑하면서도 편안한 E플랫장조 피아노 협주곡 그리고 '포스트호른 세레나데(Posthorn-Serenade)' KV320 등이 특히 눈에 띄는 작품이다. 그렇지만 이 시절 작품들 가운데 가장 위대한 것은 교회음악으로, 이 가운데 C장조 미사곡, 소위 '대관식 미사(Krönungsmesse)'가 유명하다.

198쪽 이하 참조

1778년은 만하임의 선제후 카를 테오도르가 비텔스바흐(Wittelsbach) 가문의 상속인으로 취임한 해이다. 바이에른 공작이 되기 위해 그는 이제 오페라 앙상블과 오케스트라와 함께 자신의 궁전을 뮌헨으로 옮긴다. 이것은 모차르트에게는 행운의 기회였다. 1780년 여름 그는 (카나비히와 다른 친구들의 간청 덕분으로) 카를 테오도르에게서 오페라 〈이도메네오(Idomeneo)〉에 곡을 붙여 달라는 의뢰를 받는다. 이 작업은 신속하게 진행된다. 모차르트는 감독이었던 제아우 백작과 함께 무대연출 및 리허설을 논의하기 위해 11월 초 이미 뮌헨에 도착한다. 모차르트는 11월 9일 집으로 보내는 편지에 "나의 도착은 다행스

132쪽 '이도메네오' 이하 참조

러웠으며 또한 만족스러웠어요!"(BA 3, 12쪽)라고 적고 있다. 그는 또한 크고 편안한 방도 얻었다. 그러는 사이에 '베버 씨 가족'도 빈으로 이사했기 때문에 그는 안정된 상태에서 편향되지 않게 활동할 수 있었다. 지안바티스타 바레스코(Gianbattista Varesco)의 대본에 등장하는 레지타티프는 긴장감 넘치는 이야기를 위해 숫자를 줄일 필요가 있었으며, 따라서 아리아들은 다르게 배치되어야만 했다. 야심적인 리허설 작업과 모차르트를 좋아하고 있던 만하임 음악가들의 인정은 그를 한껏 고양시켰다. 그렇지만 그러한 것들도 모든 문제를 해결해 주지는 못했다. 주인공의 역할은 나이가 들어 가던 성악가 안톤 라프(Anton Raaff)에게 잘못 주어졌으며, 모차르트가 실제적으로 평가하고 있는 다른 배우들 역시 부분적이지만 여전히 경험 부족이었다. 그러나 모차르트는 목표를 세우고 활기차게 나선다. 그리고 이제 그는 자신의 공연을 관철시킬 수 있는 방법을 알고 있었다. 그는 부친에게 보내는 편지에 "제아우와 함께 이럭저럭 해냈다"(BA 3, 71쪽)라고 쓰면서 오페라를 감독인 제아우와 관련시켰다. 이유는 이 둘이 이미 인쇄되어 나와 있던 오페라 대본에 의견일치를 봐야만 하기 때문이었다. 1781년 1월 29일 초연은 (카나비히가 지휘를 하고 모차르트는 쳄발로를 연주했다) 새로운 선제후의 오페라하우스에서 열렸다.

부친과 나네를 그리고 친구들이 잘츠부르크에서 구경하기 위해 왔으며, 공연은 압도적인 성공을 거둔다.

비록 이미 오래전에 휴가가 끝난 상태였지만, 〈이도메네오〉 이후 모차르트는 우호적인 선제후의 도시를 떠나게 되어 곤란에 빠진다. 선제후는 와병 중인 자신의 부친 때문에 빈에 체류하고 있었기 때문에, 젊은 모차르트는 잘츠부르크의 자리를 비우는 것을 어느 정도 늘려가면서 친구들과 함께 축제의 시간을 즐겼다. 그렇지만 모차르트는 3월에 편지 한 통을 받는다. 그 편지는 가능한 한 빨리 빈에 있는 그의 선제후에게 와야만 한다는 내용이었다.

새로운 긴장관계 기분이 언짢은 상태로 모차르트는 여행길을 떠난다. 파리에서의 체류와 뮌헨에서의 정신적 고양 상태 이후 모차르트와 잘츠부르크 궁정 사이의 불화는 더욱 깊어진다. 이미 12월에 모차르트는 부친에게 다음과 같은 편지를 보낸다. "아버지도 …… 알고 계시듯, 저는 (아버지께만 사랑받고 있어요). …… 제 명예를 따질 때 견딜 수 없는 것은 (잘츠부르크)가 아니라 오히려 (제후와 그 잘난 귀족들이에요)."(BA 3, 60쪽. 괄호 안의 말들은 아버지와 아들 사이의 편지에서 암호로 기록되어 있다. 따라서 다른 사람은 이것들을 풀 수 없다) 상황은 더욱 악화되어 예전의 자리까지 위협받고 있다는 소리까지 들린다. "대주교는 더 이상 나와 함께 장난치는 것으로 시작하는 데 익숙했던 그런 사람이 아닌 것 같아요. 이제 내가 대주교의 코를 비트는 것은 전혀 불가능해요!"(BA 2, 507쪽)

빈에 도착한 모차르트는 궁정 관료들이 숙소로 사용하고 있던 독일 기사 수도회(Haus des Deutschen Ritter-ordens)의 방 하나를 받는다. 그리고 다시금 식사 시간에 음악을 연주하는 일을 맡게 된다. 그의 분노와 자유로움에 대한 동경은 시간이 지남에 따라 더욱 커졌다. 자신의 기분과 상관없이 오로지 피아노에 앉아서 '귀족들'을 즐겁게 해 주는 음악가로서의 봉사를 제공해야 하는 일이 불복종과 반항으로 이어지는 것은 당연했다. 그는 사람들과의 관계를 만들기 위해 자유시간을 이용했다. 뮌헨뿐만 아니라 빈은 자신에게는 "훌륭한 장소"이자 "직업을 위해서도 세상에서 가장 좋은 곳"(BA 3, 102쪽)이라고 적고 있다.

모차르트는 빈에 체류하는 동안 여기저기 돌아다닌다. 곧 그는 귀족들의 집에서 연주하면서 피아노 레슨도 한다. 툰 호엔슈타인(Thun-Hohenstein) 백작부인이 그의 연주를 듣기 위해 그를 초대했는데, 이 자리에는 황제도 참석할 예정이었다. 다른 때였다면, 콜로레도는 이 자리가 모차르트의 임무임에도 불구하고 궁정 직원에 불과한 그의 연주를 허락하지 않았을 테고 이것은 모차르트

> 그런데 나를 반쪽으로 (절망적으로) 만든 것은 우리가 (거기서 음악을 했던) 그날 (저녁) 툰 백작부인의 초대를 받았다는 거예요. 그래서 가지 않을 수가 없었어요. 근데 누가 거기에 와 있었게요? (바로 황제예요).
>
> 1781년 4월 11일 부친에게 보낸 편지,
> 모차르트, BA 3, 105쪽

를 화나게 만들었을 것이다. 그러나 이번엔 콜로레도가 양보해야만 했다. 더구나 연주회는 눈부신 성공으로 끝난다.

1781년 4월 말 대주교는 귀향할 준비를 한다. 모차르트를 제외한 음악가들 역시 잘츠부르크로 돌아가기 위한 채비를 한다. 5월 초 모차르트가 독일 기사 수도회를 떠나라는 명령을 따르지 않자, 콜로레도는 그를 호출한다. 반항적인 모차르트는 그 이유를 해명해야만 했다. 그는 갚아야 할 빌린 돈이 아직 남아 있기 때문에 떠날 수 없다고 설명한다. 이에 화가 난 콜로레도는 모차르트에게 잘츠부르크로 물건 하나를 배달하기 위해 떠나야만 한다고 했다. 여기서 말다툼이 일어나게 되고, 이제부터 콜로레도의 욕설은 오로지 모차르트에게만 퍼부어졌다. 명예에 상처를 입은 모차르트는 부친에게 다음과 같은 말을 전한다. "저는 (그가 알고 있는 그런 아주 방종한 녀석이 아니에요. 그는 인간도 아니에요). 그는 저를 잘못 대하고 있어요. 그는 …… 저를 …… (거지, 악동(惡童), 변덕쟁이) 취급하고 있어요. 결국, 제가 갖고 있는 피가 너무나도 강력하게 끓어올랐기 때문에 저는 이렇게 말했어요. 그러면 폐하는 저에게 만족하지 못하는 건가요? 그가 저를 위협하는 것은, 그가 (변덕쟁이), 오! 그가 (변덕쟁이)이기 때문이에요. 그는 저를 빤히 보고 있었어요. 나는 그런 (치졸한 남자)와 더 이상 아무런 관계를 갖고 싶지 않아요. 마침내 제가 말했죠. 그리고 나는 당신과 더 이상 아무런 관계가 아니라고."(BA 3, 111쪽) 대주교의 말을 즉시 떠나라는 것으로 해석했던 모차르트는 사직서를 써 수석 조리장인 아르코 백작에게 건넨다. 그러나 콜로레도는 모차르트를 포기하고 싶지 않았기 때문에 사표를 수리하지 않는다. 그렇지만 모차르트는 더 이상 기뻐하지 않는다. 그래서 다시 말한다. 아르코가 더 이상 혼란을 일으키지 않을 그런 말을. 더 이상의 인내는 사라져 버렸고, 그를 "문 밖으로 던져 버리고 발로 차 버렸다."(BA 3, 125쪽 이하) 모차르트는 이제 자유이다. 그리고 빈에서 영원히 머무른다.

콜로레도와의 결별

명성의 절정기(1781~1786년)

빈 모차르트가 1781년 빈으로 돌아왔을 때, 합스부르크 왕조의 본거지인 빈은 유럽의 가장 아름다운 도시들 가운데 하나가 되어 있었다. 18세기가 지나면서 빈에는 경제적 · 문화적 명성이 추가되었다. 부(富)의 대부분은 90여 명의 제후와 백작 가문의 귀족들 손 안에 있었다. 그들 말고도 관직이나 고급 장교 그리고 상업과 관련된 회사의 수뇌부는 부유하고 영향력이 있었지만, 반면 나머지 주민들은 다소 더하고 덜하고의 차이는 있지만 가난하게 살았다.

모차르트의 빈 시절은 계몽주의적 절대주의의 대표자였던 황제 요제프 2세가 통치하던 시기였다. 요제프 황제의 업적으로는 경제, 사회, 사법, 행정 등과 같은 부분에서의 개혁뿐만 아니라 중앙집권적 질서 수립이 손꼽힌다. 그는 산업과 무역을 촉진시켰으며, 학교와 병원을 건설했다. 이 시기에 귀족은 유명무실해지고 시민계급이 강력해졌으며 황제의 모든 사람은 평등하다는 선전을 통해 발전적인 일들이 생겨났다. 이것은 모차르트와 같은 예술가가 낮은 신분과 가난한 살림에도 불구하고 능력을 발휘할 수 있게끔 만들었다. 게다가 황제는 음악을 사랑했다. 이미 그는 1768년 당시 12세의 모차르트에게 오페라 〈보아라, 바보 아가씨(La finta semplice)〉를 의뢰했었다. 이제 그는 독일적인 징슈필을 지원하고 있었으며, 모차르트에게는 빈에서 오페라 작곡가로서 일할 수 있도록 기회를 주었다.

황실과 귀족과 신분이 상승한 시민계급의 집중은 빈의 음악가들에게 커다란 기회를 안겨 주었다. 황제의 궁전에서뿐만 아니라 귀족의 저택에서도 개인적으로 악단을 소유하는 사치를 향유하게 되었다. 모차르트에게 있어 의미를 갖게 되는 문화적인 장소로는 빈의 시민극장이었던 부르크테아터(Burgtheater)가 있었다. 이곳에서 〈후궁으로부터의 유괴(Entführung aus dem Serail)〉 외에도 〈피가로의 결혼(Le nozze di Figaro)〉과 〈코시 판 투테(Così fan tutte)〉와 같은 오페라들이 초연에서부터 성공을 거두게 된다. 게다가 모차르트가 솔리스트로 등장하는 훌륭한 연주회들도 열렸다.

궁정의 신하들이 모였던 연주회 장소로는 호프부르크(Hofburg)와 쇤브룬 성(Schloss Schönbrunn) 그리고 사육제의 무도회를 위한 레두텐홀(Redoutensäle)이 있었다. 유명한 음악가들은 이런 곳들 말고도 시에서 운영하는

'추이 멜그루베(Zur Mehlgrube)'라는(카지노 음악과 춤을 위한 대중적인 사교장으로, 지금의 전문적인 도박장을 의미하지 않는) 아우가르텐(Augarten)에 있는 식당(Lokal)처럼 개인이 운영하는 카지노와 무도회용 강당과 여관 등에서도 연주했다. 공식적인 연주활동 외에도 귀족들의 저택과 상류 시민계급에서 벌어지는 개인적인 한밤의 음악회에도 참가했다.

모차르트는 페터스플라츠(Petersplatz)에 있던 베버 씨네 집에서 살았다. 이 가족과는 만하임에 있을 때 아주 절친한 관계를 유지했는데, 그동안 부친 베버가 사망하자 이 가족은 도나우 강변의 빈에 정착했던 것이다. 모차르트는 두 가지 목적을 가지고 베버 씨네 집으로 들어갔는데 그 첫 번째 목적은 성악가로서 자신의 경력을 계속 이어 나가고 있는 첫사랑 알로이시아에 가까이 있기 위

빈의 성 베드로 성당 왼편에 있는 집에서 모차르트는 1781년 5월부터 살았다

해서였고, 다른 한 가지는 돈 때문이었다. 모차르트는 만하임에 있을 때보다 유리한 조건으로 베버 부인의 집에 세를 들어 살게 되고, 부인은 그를 돌보게 된다. 궁정 배우와 이미 결혼한 알로이시아는 가끔 집에 들렀다. 그러나 베버 가족에게는 또 다른 딸들이 있었다. 역시 가수가 되고 싶어하는 요제파(Josepha)와 콘스탄체(Constanze) 그리고 아직은 어린 소피(Sophie)였다. 새로 세를 살게 된 모차르트는 콘스탄체에게 상당한 호감을 갖게 된다. 19세의 그녀는 상당한 미모를 지녔고 쌀쌀맞게 굴던 알로이시아보다 발랄하고 다정스러웠다.

처음으로 경제적인 자립을 이룬 모차르트는 피아노 레슨을 시작했다. 그의 레슨에 무관심하던 사람들이 점점 그를 찾기 시작했고 곧 그의 인기는 올라갔다. 교습을 받던 중요한 여학생들 가운데에는 이미 알고 지내던 룸베케(Rumbeke) 백작부인과 출판업자의 부인 마리아 테레지아 폰 트라트너(Maria Theresia von Trattner)가 있었다. 처음 몇 개월 동안 이미 그는 교양을 갖춘 빌헬미네 툰 호엔슈타인(Wilhelmine Thun-Hohenstein) 백작부인과 법무 부국장이자 수상이었던 요한 필립 코벤츨(Johann Philipp Cobenzl) 백작 등과 같은 귀족 출신의 후원자들을 얻었다. 연말이 되자 그의 위치는 확고해졌다. 그의 지도를 받는 여제자들은 살롱에서의 피아노 연주를 주선했

자유로운 예술가

다. 매주 일요일 그는 소수지만 음악에 정통한 사람들이 모이는 고트프리트 반 스비텐(Gottfried van Swieten) 남작의 집에 초대되었다. 그들 가운데에는 안토니오 살리에리(Antonio Salieri)도 있었으며, 바흐와 헨델의 대위법적인 기악 작품들이 연주되었다. 그는 곧 부르크테아터에서, 그리고 나중에는 아우가르텐에서 연주하게 된다.

> 6시 정각이면 언제나 나는 벌써 머리를 매만진 상태였어요. 7시에는 완전하게 옷을 갖춰 입고 있었구요. 그런 다음 9시까지 작곡을 하고, 9시부터 1시까지 수업을 해요. 그리고 초대받지 않은 경우에는 오늘처럼 2시 또는 3시까지 식사를 하는데, 내일은 지지(Zizi) 백작부인과 툰 백작부인과 식사를 한답니다. 오후 5시나 6시 전에는 아무것도 할 수 없어요. 잦은 음악회 때문이죠. 그런 일들이 없으면 나는 9시까지 작곡해요.
>
> 1782년 2월 13일 부친에게 보낸 편지,
> 모차르트, BA 3, 197쪽

모차르트는 과거 어느 때보다도 열심이었다. 행복한 기분은 창작욕을 불러일으켰다. 작곡 외에도 그는 빠지지 않고 극장을 찾았다. 1781년 10월 그는 글루크의 오페라 〈타우리스의 이피게니(Iphigenie auf Tauris)〉의 리허설을 맡을 수 있는 기회를 얻었다. 그리고 그는 이 오페라 개작자가 윤리적인 측면뿐만 아니라 악극의 극적 긴장감에 제기하고 있는 수준 높은 요구 사항들에 매료되었다. 훌륭하게 곡을 붙일 수 있는 대본을 얻는 것이 몇 년 전부터 모차르트의 관심사였다. 빈 궁정극장의 감독인 로 젠베르크 오르시니 백작은 이미 봄에 극작가 고트리프 스테파니(Gottlieb Stephanie)를 연결시켜 주었다. 고트리 프는 모차르트에게 (아마도 황제의 의뢰로) 징슈필 〈벨몬트 와 콘스탄체(Belmont und Konstanze)〉나 〈후궁으로부터 의 유괴〉를 새롭게 편곡해 줄 것을 제안한다. 1781년 7월 30일 모차르트는 대본을 받고, 바로 다음날부터 작업에 들어간다. 이 작품은 가을 러시아의 파울 페트로비치 (Paul Petrowitsch) 대공의 방문에 맞춰 공연될 예정이었 다. 그렇지만 이것은 연기가 되고, 11월 25일 대공의 방 문에 맞춰 글루크의 다른 오페라인 〈알체스테(Alceste)〉 가 공연되었다. 이번 연기는 모차르트에겐 오히려 잘된 일이었다. 이제 그는 다시 한번 더 극작법에 몰두할 수 있었다. 결과적으로 스테파니가 줄거리의 진행을 변경 할 수밖에 없었다. 리허설은 다음해 6월 3일에 시작되지 만, 초연 바로 전에 이 작품을 좌절시키고자 하는 이탈 리아 오페라를 신봉하는 사람들 쪽에서 몇 가지 음모가 등장한다. 전해 오는 것처럼 모차르트가 "큰소리로 음악 선생들과 다른 사람들을 적대시하며 비판했다"(BA 3, 216쪽)라는 사실에서 추측할 수 있다. 요제프 2세는 연주 명령을 내렸고, 초연은 1782년 7월 16일 부르크테아터 에서 열렸다.

134쪽
'후궁으로부터의
유괴' 이하 참조

상당한 방해를 받았던 이 초연은 우선은 반쪽의 성공만을 거두지만, 이후 얼마 지나지 않아 그 가치를 인정받는다. 모차르트는 부친에게 "제 오페라는 어제 모든 사람들로부터 세 번씩이나 박수갈채를 받았어요"(BA 3, 215쪽)라는 편지를 보낸다. 오페라를 본 글루크도 경의를 표하고 모차르트를 칭찬한다. 그리고 그를 식사에 초대한다. 글루크가 오페라에서 요구하고 있는 것을 나이 어린 모차르트는 점차 이해하게 되며, 그의 후기 작품에서 완성시킨다. 〈후궁으로부터의 유괴〉는 1782년 말까지 열다섯 번이나 다시 공연되었다.

모차르트가 베버 집에서 나온 지도 벌써 1년이 지났지만 그는 아직도 그 근처에 방 하나를 빌려 살고 있었다. 12 **콘스탄체** 월 그는, 자신은 베버의 딸들 가운데 둘째인 콘스탄체를 사랑하고 있으며 지금은 결혼을 생각하고 있다는 내용의 편지를 부친에게 보내 그를 놀라게 한다.

> 그런데 지금 누가 제 사랑의 상대일까요? 아버지 놀라지 마세요, 부탁이에요. …… 예, 베버 씨 댁 딸이에요. 그런데 요제파는 아니고 소피도 아니고 바로 콘스탄체예요. 가운데 딸인 …… 바로 저의 훌륭하고 사랑스러운 콘스탄체는 …… 아마도 가장 착한 마음을 갖고 있으며, 가장 멋있고 그리고 단 한마디로 표현한다면 최고예요."
>
> 1781년 12월 15일 부친에게 보낸 편지,
> 모차르트, BA 3, 181쪽

아들과 아버지의 관계는 모차르트가
부모의 집을 홀연히 떠난 때부터 긴
장 상태에 있었다. 그러나 이번 일은
레오폴트를 망연자실하게 만들었다.
알로이시아에 대한 기억은 더욱더 그
의 머리 속을 어지럽혔다. 더군다나
모차르트는 알로이시아의 모친에 관
해, 그녀가 보헤미안 스타일의 가정
을 이끌어 나가는 방법에 관해, 그리
고 그녀의 주벽(酒癖)에 관해 자주 이

콘스탄체 모차르트
(처녀 때 성은 베버)
의 초상화. 1802년
작품

야기하지 않았던가! 아무런 근거도 없이 일련의 모든 일
이 뚜쟁이의 음모라고 의심한 레오폴트는 갖은 수단을
동원하여 아들의 결혼을 막으려고 노력했지만 아무런
소용이 없었다. 모차르트는 콘스탄체에게 푹 빠져 있었
다. 그녀는 귀여웠으며 생기 넘치고 게다가 재미있는 소
리를 잘하는 처녀였기 때문에 그것은 어쩌면 당연한 일
이었다. 사랑에 빠진 모차르트는 자신의 계획을 다음과
같이 적고 있다. "나는 요즘 젊은이들의 대부분이 그런
것처럼 무력하게 살 수 없어요. 첫째로 나는 너무나도
종교적이며, 둘째 너무나도 많은 이웃의 사랑과 그리고
순진한 처녀를 인도할 수 있으려면 진실한 마음가짐을
가져야 해요. 그리고 세 번째는 내가 창녀들과 싸울 수

있으려면 아주 많은 공포심을 …… 가져야 해요. ……
그러나 오히려 조용하고 가정적인 생활을 동경하는 내
성격은 …… 오로지 한 여인만을 생각할 수밖에 없어
요."(BA 3, 180쪽)

적은 연금만으로 가난하게 생활하는 베버 부인은 딸들
을 결혼시키는 데만 관심이 있었으며, 이전에 궁정에서
일했고 자비심을 갖고 있는 모차르트는 그런 그녀에게
딱이었다. 이내 모차르트와 콘스탄체의 관계에 관한 소
문들이 쌓이기 시작했다. 딸의 평판을 염두에 두고 있던
베버 부인은 결정을 내려야 할 처지가 된다. 모차르트는
콘스탄체의 후견인과 만나게 되는데, 그는 볼프강에게
결혼을 약속하든지 아니면 콘스탄체를 조용히 두라고
요구한다.

그렇지만 결혼을 하려면 모차르트는 부친의 동의를 필
요로 했다. 그러나 아들을 위해 보다 나은 배우자를 원
했던 레오폴트는 시간을 끌었다. 베버 부인의 불신감은
강해지고, 베버 가족들 사이에서는 언쟁과 다툼이 있었
다. 이런 상황 속에서 모차르트를 지원하는 후원자였던
발트슈태텐(Waldstätten) 남작부인이 콘스탄체를 자신의
곁으로 불러들인다. 이제 더욱 혼란스러워진 모차르트
는 콘스탄체를 안정된 관계 속에서 이끌어 가려는 한 가
지 생각만을 갖게 된다. 그는 아버지에게 맹세한다. "제

가 아버지께 부탁드려야만 하겠어요, 제발 제가 사랑하는 콘스탄체와 결혼할 수 있도록 허락해 주세요. ……저는 그것을 제 명예일 뿐만 아니라 제 여인의 명예라고 생각하고, 제 건강과 정서에 절대적으로 필요한 것이라고 생각해요."(BA 3, 215쪽) 그러나 낙담하고 침통해진 레오폴트는 여전히 승낙의 말을 하지 않는다. 그럼에도 불구하고 이 결혼을 실현시키기 위해 남작부인은 두 연인에게 '결혼 지참금'으로 1500굴덴을 만들어 줌으로써 두 번째 도움을 준다. 1782년 8월 4일 마침내 슈테판 성당(Stephansdom)에서 레오폴트도 나네를도 없이 모차르트의 결혼식이 거행된다.

난관 속에서의 결혼

오늘날까지도 콘스탄체에 관한 많은 이야기들이 의문으로 남아 있으며, 여러 가지 추측이 난무한다. 분명한 것은 그녀가 베버로부터 음악적인 기본 교육을 받았지만, 그녀는 다른 여자 형제들에 비해 비교적 무대에 적합하지 않았다는 점이다. 콘스탄체를 비난하는 사람들은 그녀가 모차르트의 돈과 명성 때문에 결혼했을 거라고 주장하지만, 물론 이는 부당하다. 1781년 모차르트가 빈으로 왔을 당시, 그는 일자리가 없어 피아노 레슨이나 하고 아주 가끔 무대에 올랐으며 오페라 작곡 의뢰나 바라는 초라한 음악가에 불과했기 때문이다. 모차르트의 결혼은 사랑에서 비롯된 것이다. 두 사람은 공통점이 많았다. 그들은 진취적이었으며, 어린아이처럼 굴었다. 그리고 콘스탄체는 언제나 새로운 것에 대한 모차르트의 욕망을 일깨우는 방법을 알고 있었다. 결혼과 함께 그녀는 불안하며 소모적인 남편의 존재를 함께 나누어야 하는 과제를 안게 되었다. 이제 모차르트의 작품이 연주되고 작곡되었으며, 학생들이 들락거렸다. 모차르트 부부는 자주 이사를 했고 1791년까지 여섯 명의 아이를 낳았다. 콘스탄체는 이러한 생활을 담담하게 받아들였다. 그녀는 모차르트의 이상적인 파트너가 되었다. 그녀는 시간이 지남에 따라 모차르트 인생의 중심으로 더욱더 다가간다.

결혼과 함께 모차르트에게는 가장 성공적이며, 가장 행복한 시기가 시작된다. 새신랑은 젊고 예쁜 자신의 아내를 자랑스러워하며, 함께 첫 번째 셋집을 빌린다. 그런데 몇 달도 지나지 않은 1782년 12월 그들은 베츨라 플랑켄슈테른(Wetzlar Plankenstern) 남작 소유의 '작은 헤르버슈타인 성처럼 생긴 집'으로 이사한다. 그는 모차르트 부부가 주최하는 가정 무도회에 환영받는 손님이 되었다. 다음해 6월 17일 콘스탄체는 첫째 아들 라이문트 레오폴트(Raimund Leopold)를 출산한다. 그렇지만 아이는 얼마 지나지 않아 사망한다. 빈에 도착하고 나서 1년 만에 그는 도시에서 가장 유명한 피아니스트로 손꼽힌

피아노의 거장

다. 그는 궁정이나 귀족들의 저택 혹은 성공한 시민계급의 모임을 비롯한 거의 모든 곳에 모습을 드러냈다. 최초의 모차르트 개인 연주회는 1782년 3월 3일에 열렸다. 이 날의 프로그램은 〈이도메네오〉에서 뽑은 몇 곡과 피아노 협주곡 KV175 그리고 자유로운 형식의 판타지 한 곡이었다. 1782년 한 해 동안 그는 아우가르텐 연주회뿐 아니라 연주회 제작자 필립 야콥 마르틴(Philipp Jakob Martin)의 게스트 하우스 '추어 멜그루베'에서의 공연무대에도 참가했다. 11월 초 그는 귀족 출신의 음악 애호가 요제파 아우어른하머(Josepha Auernhammer)의 케른트네토어테아터(Kärntnertor-Theater)에서의 연주회에도 출연한다. 게다가 레슨을 받는 학생들의 수도 늘어남에 따라 사례금도 점점 더 많아졌다.

모차르트의 연주회는 저녁 내내 이어졌다. 교향곡, 피아노 협주곡, 피아노 독주곡 그리고 오페라 아리아 등이 프로그램이었다. 이런 것들이 끝나면 모차르트는 즉흥 연주를 위해 다시 피아노 앞에 앉았다. 3월 23일 부르크 테아터에서 거행되었던 음악회는 1783년 올해의 연주로 꼽힌다. "극장이 더 이상 이렇게 꽉 찰 수는 없을 거예요"라고 모차르트는 부친에게 이야기한다. "그러나 가장 사랑받았던 것은 저예요. 물론 황제 폐하께서도 참석하셨고 아주 만족하셨어요. 그리고 아주 요란한 박수갈채를 제게 보내 주셨어요."(BA 3, 261쪽) 이런 종류의 연주회에서는 1600굴덴을 받을 수 있지만(잘츠부르크 연봉의 세 배에 해당) 물론 예외적인 경우에 속한다. 1784~1786년은 훨씬 더 성공적이었다. 이제 정기적으로 열리는 최소한 175명의 예약자가 있는 예약연주회의 숫자가 점점 늘어났다. 예약자들은 특히 거금을 지불할 능력이 있는 고급 귀족과 소(小)귀족 그리고 금융 귀족 출신들이었다. 게다가 한 자선기관을 통한 다른 예술가들과의 공동 연주회와 작곡가 조합에서 열리는 연주회도 있었다. 이때 악보를 발간하는 출판사들이 모차르트에게 관심을 갖는다. 아르타리아(Artaria)와 호프마이스터(Hoffmeister)와 같은 유명 출판사들은 그의 작품들을 동판에 새겨 인쇄했다. 다른 출판사들은 권리를 얻은 뒤 이 작품들을 수작업으로 베껴 판매했다.

174쪽
'피아노 협주곡'
이하 참조

위대한 피아노 협주곡들이 1784~1791년에 작곡된다. 모차르트는 우선 인기를 위해, 이해를 위해 노력하라는 부친의 충고를 여전히 귀담아 듣는다. 그렇지만 이것과는 달리 후기에 들어서는 부분적이지만 강력하게 개인적인 색채를 드러내는, 예를 들면 1785년의 D단조 협주곡 KV466과 1786년의 C단조 협주곡 KV491 같은 '고백적인 작품'들로 새로운 길을 걷는다.

비록 작곡에 전념하고 있음에도 불구하고 모차르트는

자신만의 생활도 즐겼다. 여름철이 되면 그는 가족과 함께 프라터(Prater) 공원이나 아우가르텐으로 가서 당구를 치거나 구주희 놀이도 하고 카드놀이를 하며 시간을 보냈다. 그는 집에서뿐만 아니라 식당에서도 훌륭하고 값비싼 음식을 좋아하는 도락가(道樂家)였다. 그는 특히 사육제 기간이 되면 애정을 갖고 무도회장을 찾아다녔다. 따라서 콘스탄체가 모차르트를 뛰어난 댄서라고 칭찬한 것은 당연할지도 모른다. 1784년 9월 21일 모차르트 부부는 둘째 아들을 얻는다. 그들은 아들을 카를 토마스(Carl Thomas, 1858년 사망)라고 이름 지었다.

성공과 함께 부(富)가 찾아온다. 모차르트는 1783년 이후 매년 약 2000굴덴(우리 돈으로 약 5500만 원에 해당)을 벌었고, 때론 그 이상을 벌었다. 가족의 향상된 생활수준은 그들이 이제 자주 점점 더 큰 집으로 이사를 한다는 사실에서 드러났다. 1783년 4월 그들은 "성과 같은 집"으로 이사했고, 1784년 1월에는 이미 당시부터 훌륭한 주거 지역이었던 그라벤(Graben)에 있는 트라트너호프(Trattnerhof)로, 그리고 9개월 뒤에는 다시 호화롭게 치장된 방을 갖춘 그로세 슐러슈트라세(Große Schulerstraße)로 이사한다. 편리함에 있어서도 모차르트 가족은 부족함이 없었다. 모차르트 가족은 요리사와 하녀 그리고 하인을 한 명씩 거느리고 있었다. 값비싼 가

가족의 행운

구와 악기들도 있었으며, 모차르트는 말도 한 필 소유하고 있어 밖에 나갈 때마다 타고 나갔다. 게다가 한동안은 마차도 한 대 있었다. 가족들은 고상하게 옷을 입었으며, 상식 밖으로는 입지 않았다.

그렇지만 모차르트는 종종 오락가락하는 변덕스러운 감정을 노출한다. 예를 들어, 그는 아주 일상적인 생각과 심지어는 아주 바보스러운 장난을 보여 주다가도 바로 다음 순간 아주 강력한 음악적 영감에 사로잡히곤 했다. 그의 생활은 끊임없는 불안감으로 가득 차 있었으며, 모차르트는 스스로를 완전히 지치게 만들었다. 건강에 대한 걱정과 레오폴트가 요구하는 나중을 위한 배려는 뒷전이었다. 빨리 번 돈은 훨씬 더 빨리 다시 나갔다. 결혼

그가 중요한 작품에 몰두하고 있을 때나 대화할 때의 행동을 보면 어른이라는 생각이 거의 들지 않았다. 이때 그는 혼란스럽고 두서 없이 이야기할 뿐만 아니라, 그러는 동안에도 그는 사람들이 그에게서 전혀 보지 못했던 그런 방식으로, 다시 말해서 의도적으로 자신의 행동을 무시하는 식의 장난을 친다. …… 그는 고의적으로 …… 자신의 내적 긴장감을 외적인 가벼움 속에 숨기고 있든지, 아니면 그의 음악 속에 들어 있는 신성적(神性的)인 착상을 평범한 일상의 생각과 날카롭게 대비시키고 자기 자신을 반어적으로 표현함으로써 스스로를 즐기고자 한 것일지도 모른다.

요제프 랑에(Joseph Lange), 부르크테아터의 배우이자 모차르트의 처형(妻兄) 알로이시아의 남편, 힐데스하이머, 1977, 278쪽에서 재인용

하자마자 가장이 된 젊은 모차르트는 첫 번째 빚을 지게
된다.

하지만 모차르트의 생활 속에는 그가 내적인 평온함을
찾고 새로운 에너지를 충전할 수 있는 그런 영역이 존재
하고 있었다. 바로 프리메이슨단(Freimaurer)이었다. 부
친 레오폴트뿐만 아니라 모차르트 역시 비록 가톨릭 신
자였지만, 이들 부자는 18세기의 현대적인 정신적 흐름,
예를 들어 프랑스의 계몽주의에 개방적인 태도를 보였
다. 정치적 절대주의와 널리 퍼져 있던 종교적 편협성에
대한 반사작용으로 이미 1717년 영국에서는 첫 번째 '대
집회소'가 만들어졌다. 1742년 빈에도 집회소가 설립되
지만 이내 폐쇄된다. 시간이 지나 18세기 후반에 들어서
면서 군주제의 절대주의 국가들에서 프리메이슨은 세력
을 확장할 수 있었다. 모차르트의 첫 번째 집회소 방문
은 1784년 12월 5일의 일로 기록되어 있다. 이어 여전히
'지망생'으로, 즉 관심을 갖고 있는 사람으로 그는 '자
선을 위하여'라는 이름의 집회소에서 9일 동안 지내게
된다. 이곳에서 거행되는 철학적 논쟁들과 윤리와 친절
과 형제애에 기초를 둔 정신적 태도는 그를 매료시켰다.
이러한 사상의 중심에는 개성의 자유로운 표출과 평화
롭고 사회적으로 정당한 상호 관계가 있었다. 프리메이
슨은 계몽주의의 이상이 펼쳐질 수 있으며 계급 개념과

프리메이슨

프리메이슨 집회에
참석한 모차르트와
에마누엘 시카네더
(오른쪽 아래)

신정적(神政的) 통치가 사라지는, 그리고 사유의 자유가
기본권에 보장되는 그런 사회질서를 꿈꾸었다. 빈 프리
메이슨단의 회원에는 모차르트와 가까운 많은 사람들이
있었다. 예를 들면 악보 출판업자인 아르타리아와 극장
감독인 에마누엘 시카네더 등이다. 프리메이슨 활동의
구체화와 축제적인 동기 유도를 위해 모차르트는 〈메이
슨의 환희(Maurerfreude)〉와 〈소리 높여 우리의 환희를
알리자(Laut verkünde unsre Freude)〉('작은 프리메이슨 칸
타타'로 알려져 있다) 그리고 〈메이슨의 장송곡(Maurerische
Trauermusik)〉과 같은 칸타타를 작곡했다. 물론 〈작은
독일 칸타타(Kleine deutsche Kantate)〉와 〈마술피리
(Zauberflöte)〉 역시 프리메이슨의 사상을 담고 있다.

빈에서의 생활은 1779년까지의 생활과 극단적인 대조
를 이루고 있었다. 그 이전의 모차르트는 끊임없이 여행

중이었지만, 당시 그는 그런 기회를 거의 갖지 못하고
있었다. 때문에 레오폴트와 나네를은 모차르트 부부가
결혼한 지 1년이 되던 1783년 7월 잘츠부르크를 방문할
때까지 참고 기다릴 수밖에 없었다. 그렇지만 재회의 기
쁨과 함께 성당에도 가고 음악을 함께 연주함에도 불구
하고 과거의 애정 어린 그런 관계는 돌아오지 않았다.
레오폴트는 당시 아들이 자신을 피해, 자신의 보호를 피
해, 자신의 잔소리를 피해 빈으로 도망쳤다는 사실을 깨
닫는다. 홀아비가 된 레오폴트는 고독했기 때문에 그의
불만족스러운 사랑은 부족한 감사의 표현에 대한 비난
으로 등장한다. 그러나 모차르트는 독립한 상태였으며,
그에게서 힘을 빼앗았던 가부장적인
'초자아' 로부터 벗어나 있었다.

레오폴트와 콘스탄체와의 관계에도
문제가 있었다. 불신으로 가득 찬 부
친이 생각하는 것처럼, 콘스탄체는
교육적인 면에서뿐만 아니라 신뢰 면
에서도 나네를보다 못했다. 레오폴
트에게 있어서 콘스탄체는 닥치는 대
로 살아가는 그런 '베버 가문' 의 여
자였다. 나네를 역시 소극적이었다. 부친은 오로지 남동
생 모차르트에게만 전념하기 위해 그녀를 포기했었다.

잘츠부르크 방문

모차르트의 누나
마리아 안나, 애칭은
'나네를'

그녀는 피아노 교사가 된다. 후에 나네를은 귀족을 가르치는 한 집사와 사랑에 빠지지만 그가 부양 능력이 없었기 때문에 결혼은 이루어지지 못한다. 33세가 되어서야 그녀는 마침내 아이가 다섯 명이나 딸린 한 홀아비와 타산적인 결혼생활에 들어간다. 나네를은 자신과 남동생의 관계를 소원하게 만든 콘스탄체를 미워했다. 그러면 콘스탄체는? 그녀 역시 짐작컨대 무언의 비난을 참아내는 데, 즉 남편을 깎아 내리는 데 진절머리가 났을 것이다.

잘츠부르크에서의 휴가 기간 중 음악적 최고 절정은 미완성으로 남아 있던 C단조 미사곡을 10월 26일 베드로 성당에서 연주한 일이다. 정확한 작곡 동기는 알려져 있지 않지만 모차르트가 콘스탄체와의 결혼식에서 미사곡 하나를 작곡해 그녀와 함께 잘츠부르크로 오게 되면 이곳에서 들려 주겠노라고 "마음속으로 약속했었다"고 전해지고 있다. 그래서 당연히 콘스탄체가 이 작품에서 소프라노 역을 맡아 노래를 불렀을 것이라고 전해진다.

200쪽
'C단조 미사곡'
이하 참조

공연 다음날 빈으로 돌아오는 계획이 세워졌다. 귀로는 린츠를 경유하는데, 이곳에서 모차르트 일가는 며칠 동안 가장 중요한 후원자 가운데 한 사람인 툰 호엔슈타인 백작의 집에서 머문다. 모차르트는 이곳에서 열고자 하는 연주회를 위하여 가장 짧은 시간에 C장조 교향곡 KV425('린츠 교향곡')를 완성하여 11월 4일 연주한다.

반년 뒤인 1785년 2월 11일 레오폴트는 빈을 방문한다. 여행의 피로에도 불구하고 그는 바로 '추어 멜그루베' 홀에서 열린 한 정기연주회에 참석한다. 그는 "연주회는 비교할 수 없을 정도로 훌륭했으며 …… 그때 볼프강의 새로운 탁월한 피아노 협주곡(D단조의 KV466, 저자의 추측)이 프로그램에 있었는데, 우리가 도착했는데도 악보를 베껴 쓰는 사람은 여전히 그 일에 열중하고 있었다"(BA 3, 373쪽)라는 내용의 편지를 나네를에게 보낸다. 다음 몇 주 동안 그는 거의 휴식을 갖지 못했다. "우리는 새벽 1시 전에 자 본 적이 결코 없다. …… 매일매일 아카데미에 가고, 계속 배우고, 음악, 작곡 등등. 내가 거길 가야만 하겠니? …… 네 동생의 그랜드 피아노는 내가 여기 도착한 이후 적어도 열두 번이나 집에서 극장으로 아니면 다른 집으로 옮겨졌단다."(BA 3, 379쪽)

레오폴트에게 있어서 가장 인상적인 경험은 당시 유럽을 이끄는 작곡가였던 53세의 하이든과 만난 일이다. 1781년부터 이미 모차르트는 하이든과 깊은 우정을 쌓고 있었다. 아이젠슈타트(Eisenstadt)의 니콜라우스 요제프 에스테르하지(Nikolaus Joseph Esterházy) 후작 밑에서 제1악장으로 재직하고 있던 하이든이 빈의 무대에 설 때마다, 서로의 예술에 대한 감동으로 기억되는 그런 충심의 만남이 있었다. 두 사람은 서로 의견을 교환하고 상

> 내가 신의 이름을 걸고 당신에게 말씀드리는데 …… 당신
> 의 아들은 내가 이름뿐만 아니라 사람 됨됨이를 알고 있는
> 위대한 작곡가입니다. 그는 풍미를 지니고 있으며, 그리고
> 그것을 넘어서는 아주 위대한 작곡 지식을 가지고 있어요.
> 레오폴트와의 대화 중 모차르트에 대해 언급하는 하이든,
> 레오폴트가 나네를에게 보낸 1785년 2월 16일 편지에서 인용,
> BA 3, 373쪽

대방으로부터 배웠다. 그들은 작곡가였던 요한 반할 (Johann B. Vanhal)과 카를 디터스 폰 디터스도르프(Karl Ditters von Dittersdorf)와 함께 자주 4중주를 연주했다. 1782년 하이든은 현악4중주 op.33('러시아 4중주', Russische Quartette)를 작곡한다. 이 작품들은 (걸작들로 이것과 비견할 만한 것은 없다) 함축적인, 다시 말해서 끝까지 일관된 4성부의 동등한 악장으로 다루어진 명쾌한 주제를 통해 빛을 발한다. 이러한 새로운 작곡 기법에 **192쪽 이하 참조** 영감을 받은 모차르트는 그때부터 1785년까지 6곡의 현악4중주(KV387, 421, 428, 458, 464, 465)를 작곡했다. 그는 KV465를 하이든에게 존경하는 마음으로 헌정한다.

레오폴트의 빈 방문은 아들과의 마지막 만남이 되었다. 그로부터 2년 뒤인 1787년 5월 28일 레오폴트가 사망한다. 이들 부자는 다시 한번 더 사이가 좋아진다. 이후 부친 역시 프리메이슨에 대한 관심을 보였으며, '완성된 희망을 위하여(Zur gekrönten Hoffnung)'라는 집회에 입

회하게 된다.

1782년 〈후궁으로부터의 유괴〉가 성공한 뒤 모차르트는 로젠베르크 오르시니(Rosenberg-Orsini) 백작으로부터 이제는 이탈리아 오페라를 작곡해 보라는 격려를 받게 된다. 한편 여러 곡의 독일 징슈필은 관객들로부터 버림받는다. 따라서 다시금 이탈리아 오페라가 우위를 점하게 된다. 빈의 나치오날테아터(Nationaltheater)는 나폴리 학파의 작품들을 공연한다. 조반니 파이시엘로(Giovanni Paisiello)와 도메니코 치마로사(Domenico Cimarossa) 그리고 주세페 사르티(Giuseppe Sarti)의 작품들이 연주 계획에 들어 있었다. 물론 요제프 2세는 빈의 작곡가들 역시 활발한지를 궁금해 했지만, 재정적인 이유 때문에 '스타 가수'와 이탈리아 오페라의 행복한 멜로디를 찾고 있는 관객의 입맛에 맞추는 것을 용인할 수밖에 없었다.

모차르트에게 있어 〈후궁으로부터의 유괴〉와 맞먹는 새로운 오페라로 다시 성공한다는 것은 쉽지가 않았다. 그는 계속해서 대본을 찾았지만 허사였다. 이때 1783년에 이미 소개받았던 황실의 극작가 로렌초 다 폰테(Lorenzo Da Ponte)가 그의 머리 속에 떠올랐다. 다 폰테는 1781년 베니스 출신 한 유부녀와의 스캔들 때문에 (그리고 구속의 위협을 느껴) 베니스를 떠나야만 했었다. 그는 궁정의 작

로렌초 다 폰테.
요제프 2세의 후원
을 받은 극작가

곡가이자 이탈리아 오페라를 책임진 악단장이었던 살리에리를 통해 빈으로 오게 되었다. 피에르 데 보마르셰 (Pierre de Beaumarchais)의 희극 〈La folle journée, ou Le mariage de Figaro〉에 곡을 붙여 달라는 모차르트의 제안에 그는 흔쾌히 동의했다. 그렇지만 그 사이 모차르트는 스테파니의 코미디 〈연극 감독(Der Schauspieldirektor)〉을 작곡하라는 황제의 의뢰를 받는다. 이 작품은 1786년 2월 7일 살리에리의 디베르티멘토극 〈Prima la musica e poi le parole〉과 함께 공연되었다. 동일한 주제를 갖고 있는 두 개의 작품을 작곡하게끔 한 생각은 요제프 2세에게서 나왔다. 이 두 작품은 어떤 조건에서 오페라가 공연되는지를 보여 주고 있다. 모든 대립관계와 음모로 점철된 빈 오페라의 환경에 대한 풍자였다. 게다가 두 작품 모두는 독일과 이탈리아 오페라 사이의 '경쟁'으로 이해되어야만 할 것이다.

138쪽
'피가로의 결혼'
이하 참조

이러한 돌발적인 작은 사건 이후 모차르트는 〈피가로〉에 전념한다. 하지만 그 상연 기회는 희박했다. 이유는 〈피가로〉가 사회 비판적인 도화선을 갖고 있기 때문이었다. 귀족의 특권에 대한 비판과 봉건적인 영주의 임의적 지배에 대한 비판이 그것이다. 1784년 4월 이미 희곡판은 루드비히 16세의 반대를 무릅쓰고 파리에서 초연되었다. 귀족 출신과 부유한 시민계급 출신의 극 전문가들과 개혁을 주장하는 사람들이 포함된 파리의 관객들은 〈피가로〉를 열광적으로 환영했으며, 이것을 새로운 시대를 알리는 신호탄으로 받아들였다. 유명해지고 소문이 나게 되면서, 빈에서도 〈피가로〉가 알려졌지만 공연은 금지되었다. 그럼에도 불구하고 중앙권력을 손에 넣기 위해 귀족들의 특권을 줄이고자 했던 요제프 2세는 〈피가로〉의 사상에 반대하지 않았다. 오로지 그는 귀족의 호감을 저버리지만 않으면 되었다.

그러는 동안에 다 폰테는 보마르셰의 대본 개작을 끝내고, 위험성이 많은 부분들을 제거한다. 모차르트가 심혈을 기울여 추진했던 곡을 붙이는 작업은 1786년 4월 완료된다. 그렇지만 가장 어려운 문제가 여전히 해결되지 않았다. 작품을 무대에 올리기 위해 황제를 설득하고자 다 폰테는 대본을 들고 황제에게 갔다. 이 만남 이후 모차르트는 출두해서 총보(總譜)를 황제에게 연주하라는 명령을 받는다. 대본도 요제프의 마음에 들었지만, 음악은 훨씬 더 그의 마음에 들었다. 그 결과, 〈피가로〉는 무대작품으로 오르게 되었다! 〈피가로의 결혼(Le nozze di Figaro)〉의 초연은 1786년 5월 1일 모차르트의 지휘로

부르크테아터에서 공연되었다.

이 오페라가 거둔 성공에도 불구하고 특히 귀족과 시민 계급 출신들로 이루어진 관객들의 의견은 나뉘었으며, 따라서 공연은 민감한 방해를 받았다. 이전에 나온 희곡판의 폭발적인 성격이 비록 많은 부분에서 약화되었지만, 이번에는 다른 부분들이 더욱더 분명한 성격을 드러낸다. 예를 들어 충동적이며 불확실한 특권을 고집하는 귀족으로 등장하는 백작의 성격 묘사와 소용돌이치며 위협적인 느낌을 주는 음악은 이미 서곡에서부터 의미가 아주 분명했다. 《비너 레알차이퉁(Wiener Real-zeitung)》은 1786년 7월 11일자 예술평론에서 이에 대해 정확하게 쓰고 있다. "우리 시대에 허락받지 못한 것이 이야기되고 노래로 불려졌다."(앙에뮐러(Angermüller), 2004, 1권, 263쪽에서 인용)

계속 이어지는 공연에서도 〈피가로〉는 일부 관객들로부터 적대시되었으며, 그 음악적 논쟁은 무대에서는 아직 잘 알려져 있지 않은 젊은 모차르트에게 유리할 것이 없었다. 1782년 〈후궁으로부터의 유괴〉에 대한 음모가 있었던 것처럼, 이번에는 〈피가로〉를 저지하는 것이 목표가 되었다. 특히 모차르트의 부친은 (이것은 여러 편지에 등장한다) 이 음모에 살리에리가 중요한 역할을 하고 있을 것이라는 생각을 갖고 있었지만, 그 증거는 부족했다.

살리에리에 대한 레오폴트의 의심은 근거가 없는 것이었다. 왜냐하면 살리에리는 1780년대에 가장 유명한 오페라 작곡가로 손꼽혔으며, 경쟁 같은 것을 두려워할 필요가 없었기 때문이다. 모차르트가 살리에리에 의해 독살되었다는 소문 역시 지어낸 이야기에 불과하다.

〈피가로〉는 짧은 기간 동안 무려 열 번이나 공연되었다. 그렇지만 음악감독은 이 오페라로부터 등을 돌리게 되며, 최소한 일시적으로, 공연을 중단한다. 그럼에도 불구하고 이 공연은 모차르트에게 있어 국가적인 이념에 대해 승리를 거둔 예술가로서의 대성공을 의미한다. 그리고 그것 말고도 개인적인 관점에서도 대성공을 거두었다고 할 수 있는데, 1781년 모차르트가 자신의 영주였던 콜로레도를 상대로 거두었던 승리처럼, 지배 기관에 대한 모차르트의 승리가 여기서도 확인되기 때문이다. 이어서 나온 오페라들에서도 모차르트는 또다시 반란과 도발을 일으킨다. 그래서 관객은 지루할 틈이 전혀 없었다.

뒤섞여 찾아오는 성공과 점차 커지는 난관들
(1786~1790년)

대성공을 거둔 연주회에도 불구하고, '일류의' 관객들을 위해 작곡하려는 모차르트의 노력은 1785~1786년이 지나면서 점차 줄어든다. 연주회를 갖는 횟수가 줄어듦에 따라 수입도 줄어들었다. 1789년 이후 정기연주회에 대한 이야기는 거의 더 이상 나오지 않았다. 이러한 일련의 상황은 대부분 모차르트 개인의 예술적 방식 때문이었다. 1784~1785년의 모차르트 연주회에는 비교적 가볍고 재미있는 요소가 자주 등장했다. 그런데 그 이후는 (아마도 프리메이슨의 영향을 받았기 때문에) 주관적인 특징을 지니는 고백적 작품이 등장한다. 그는 1785년의 D단조 피아노 협주곡 KV466으로 일단의 협주곡을 시작한다. 모차르트는 이 작품들 속에서 새로운 표현 영역을 개발하기 위해 노력하게 되는데, 이때 익숙하지 않은 것과 무거운 것 그리고 극적인 것에 대한 경향이 더욱 뚜렷해진다. 관객의 일부는 모차르트 음악의 낯선 방식에 몰이해와 거부감을 갖고 반응했을 것이며, 이것이 연주회를 찾는 사람들의 수를 감소하게 했으리라는 추론이

177쪽
'D단조의 피아노 협주곡' 이하 참조

가능하다. 그렇지만 이와는 반대로, 오페라에 있어서도
모차르트가 궁정극장의 관객에게 더 이상 양보하는 데
흥미를 잃어 가고 있었다는 점도 고려되어야 한다. 〈돈
조반니〉(1787)와 〈코지 판 투테〉(1790)의 경우 역시 대본
작가로는 모차르트에게 도발적으로 보였던 다 폰테가
담당했다. 물론 그 역시 (〈후궁으로부터의 유괴〉에서 이미 스
테파니가 그랬던 것처럼) 대본을 써 나가면서 모차르트의
승인을 받았다. 그의 마지막 오페라인 〈마술피리〉에서
처럼 가장 노골적이면서도 가장 순수한 아주 특별한 사
람으로 말년에 일변(─變)하기 위해 이제 모차르트는 외
형적인 화려함과 탁월한 기량만을 염두에 두는 부유한
관객의 취향에 대해 점점 더 관심을 잃는다.

〈피가로〉가 오랫동안 공연되지 못했다는 데 대한 불만
과 여기서 비롯된 금전적인 손실은 1786년 늦가을 모차
르트가 빈 밖에서 자신의 행운을 다시 한번 더 찾게 만
들었다. 이번 목표는 영국이었다. 그는 영국에서 새로운
오페라 작곡 의뢰도 받을 것이며 연주회도 개최할 수 있
으리라는 희망을 갖고 있었다. 그렇지만 이 여행은 레오
폴트가 두 살배기 손자인 카를 토마스와 1786년 10월
18일 출생한 요한 토마스 레오폴트(태어난 지 불과 몇 주 만
에 사망한다)를 자신에게 맡기는 것을 원하지 않아 좌절되
고 만다.

프라하로의 초대

12월 초 모차르트는 프라하 극장 오케스트라와 그곳에 거주하는 '고상한 전문가들과 애호가의 모임'으로부터 몰다우 강변의 도시 프라하에서 공연되는 〈피가로〉를 위한 초대를 받는다. 이 제안은 시기가 적절했기 때문에 그는 승낙했다. 여행은 1월 8일에 시작됐다. 콘스탄체와 1788년 모차르트의 처제 요제파(Josepha)와 결혼한 바이올리니스트 프란츠 호퍼(Franz Hofer) 그리고 세 명의 다른 음악가들이 동행했다. 그들은 프라하에서 가장 유명한 후원자이자 아마도 (다른 제안자들과 함께) 초대를 장려했던 툰 호엔슈타인 백작의 겨울 궁전에서 숙박했다.

프라하에서 모차르트는 낯선 사람이 아니었다. 1783년 당시 막 새로 건축된 나치오날테아터에

> 나는 대단히 만족스럽게 여기 모든 사람들이 내가 작곡한 피가로의 음악에 맞춰 요란한 민속 춤과 독일 춤을 추며 마음속으로 만족하여 껑충껑충 뛰는 모습을 지켜보았다. 때문에 여기서는 피가로 외에 이야기할 것이 별로 없다. 피가로가 연주되고, 관악기가 소리를 내고, 노래가 불리고, 휘파람 소리가 났다. 피가로에는 그 어느 오페라보다도 많은 사람이 왔다.
> 1787년 1월 15일 프라하에서 친구 고트프리트 폰 자킨(Gottfried von Jacquin)에게 보내는 편지, 모차르트, BA 4, 10쪽

서 〈도주〉가 공연된 바 있으며, 그리고 지금은 뛰어난 실력의 파스칼레 본디니의 극단(Theatertruppe Pasquale Bondini)과 함께 〈피가로〉가 무대에 오른 것이다. 모차르트는 도착한 뒤 몇 주 동안 열렬한 찬양과 구애를 받는다. 그에게 있어 프라하는 초대와 무도회의 도시였다.

1월 17일 그는 〈피가로〉를 관람했고, 22일 바로 지휘자의 연단에 서서 공연을 이끌었다. 중간에 그는 나치오날 테아터에서 연주회 하나를 지휘한다. 여기서 1786년 작곡된 D장조 교향곡 KV504를 연주하는데, 그것은 이후 '프라하'라고 불리게 된다. 교향곡이 끝나자 모차르트는 피아노 즉흥연주를 했고 군중은 그에게 환호를 보냈다. 모차르트 전기 작가인 프란츠 니메체크(Franz X. Niemetschek)는 다음과 같이 적고 있다. "그렇게 많은 사람들이 극장을 메운 것을 본 적이 없었다. …… 그렇게 강렬하고 그렇게 한 목소리를 내는 환희는 결코 없었다. 그의 절대적인 연주가 그렇게 만든 것이다."(니메체크, 1808, 40쪽)

163쪽
'D장조 교향곡'
이하 참조

프라하에서의 일들에 만족함으로써 완전히 확신에 찬 모차르트는 2월 8일 귀향길에 오른다. 이때 그는 1000굴덴이라는 돈을 벌어 오게 되지만 그것보다 더 중요한 것은 극장 감독인 본디니와 오페라 작곡에 대해 체결한 계약이었다. 빈으로 돌아온 모차르트는 다 폰테에게 새로운 작품에 대한 대본을 써 달라고 부탁한다. 다 폰테는 지오반니 베르타티(Giovanni Bertati)(대본)와 주세페 가차니가(Giuseppe Gazzaniga)(음악)의 희극 〈Don Giovanni ossia Il convitato di pietra〉에서 따온 '돈 조반니'라는 소재를 제시했고, 모차르트는 이에 동의한다. 이것과

143쪽
'돈 조반니'
이하 참조

관련된 재정적인 전망에도 불구하고, 모차르트 일가는 교외에 있는 비교적 가격이 싼 집으로 이사를 계획한다. 〈돈 조반니〉를 작업하는 중에도 모차르트는 (14년 만에) C장조 현악5중주 KV515와 G단조 KV516을 연이어 작곡한다. 이 두 작품은 프리드리히 빌헬름 2세를 위해 작곡된 것일 수 있다. 특히 아주 심오하고 극적인 G단조 작품과 C장조 작품은 모차르트의 가장 유명한 실내악 작품에 속한다. 이어 1787년인지 아니면 1788년인지 정확하진 않지만, 관악 세레나데(Bläserserenade) KV388을 개작한 C단조의 마지막 현악5중주 KV406이 발표된다. 이 세레나데는 단조의 음조와 엄격한 복합적 형식으로 인해서 사교적인 즐거움이 두드러지는데, 이런 5중주에서 아주 무거운 내용의, 오로지 전문가를 염두에 둔 실내악이 나온 것이다.

이미 1787년 10월 초 모차르트와 콘스탄체는 〈돈 조반**230쪽 참조**니〉 리허설을 준비하기 위해 또다시 프라하로 떠났다. 연출에는 감독 구아르다소니(Guardasoni)와 모차르트 그리고 다 폰테가 참가했다. 그럼에도 불구하고 연출에 여러 가지 문제가 발생했다. 배우들은 "빈에서처럼 그런 능력을 갖추지 못했고 …… 두 번째 내가 도착했을 때 준비와 시설이 덜 되어 있었기 때문에 나는 작품을 14일에 올리는 것은 당연히 불가능할 것으로 생각했다."(BA

4, 55쪽) 프라하에서의 초연이 두 번씩이나 연기된 뒤, 마침내 10월 29일 나치오날테아터의 무대에 올려졌다. 〈돈 조반니〉는 열렬한 박수갈채를 받았으며, 《프라하 오버 포스트암트차이퉁(Prager Oberpostamtzeitung)》은 다음과 같이 보도했다. "전문가들과 작곡가들은 프라하에서 아직까지 이와 같은 것이 공연된 적은 없었다고 말하고 있다. 모차르트 씨가 직접 지휘봉을 잡았으며, 그가 오케스트라 앞에 서자 사람들은 그에게 세 배나 더 큰 환호를 보냈다."(토이버(Teuber), 1884년, 2권, 236쪽 이하에서 인용)

빈의 나치오날테아터에서의 첫 번째 공연은 그로부터 반년 뒤에 이루어진다. 그렇지만 그 성공은 프라하에서와는 대조적으로 그냥 중간 정도였다. 〈피가로〉에서 관객들이 그 주제에 어떤 태도를 취했는가는 소란을 피운 귀족들에 대한 유보적인 처벌에서 알 수 있다. 기사수도회(Komtur)의 모습을 빌린 초자연적인 힘의 도입 역시 "스펙터클하다"는 평가를 받았다. 이와는 대조적으로 모차르트 음악의 높은 가치에 대해서는 의견이 일치했다.

1787년 12월 7일 모차르트는 K. K. 궁정음악가, 즉 K. K. 실내악단의 작곡가로 임명되어, 한 해 800굴덴을 받게 된다. 물론 이 직책 때문에 다른 작곡 부탁이나 지속적인 일을 갖지 못하게 된 것은 아니었다. 궁정은 새로

직책을 맡게 된 그에게 오로지 왕궁에서 거행되는 사육제 무도회를 위한 춤곡만을 작곡해 줄 것을 부탁했기 때문이다. 수많은 미뉴에트와 독일 무곡과 랜틀러(Ländler) 그리고 민속무용이 이 시기에 작곡, 발표되었다. 이렇듯 황제 쪽에서 인정을 받았음에도 불구하고 모차르트의 **재정적 어려움** 생활은 점점 더 어려워져 갔다. 수입이 줄어들어 빚을 낼 수밖에 없는 형편에 처한 모차르트는 피아노 레슨을 받을 학생들을 구하기 위해 노력한다. 나중에 작곡가이자 피아니스트가 되는 요한 네포무크 훔멜(Johann N. Hummel) 역시 그에게 피아노를 배웠다. 물론 16세의 베토벤도 아주 잠깐이지만 그를 거친다. 1787년 말 모차르트 가족은 더 작고 비용이 저렴한 시내의 집으로 이사한다. 그러던 중 12월 27일 테레지아 콘스탄티아(Theresia Constantia)(1788년 사망)가 태어난다. 1788년 6월 중순 농촌이라 할 수 있는 '알저구룬트(Alsergrund)' 교외로 이사를 나갔다가, 바로 그해 다시 시내인 유덴플라츠(Judenplatz)로 돌아온다. 그러나 여기서도 모차르트 가족은 곧 집세를 못내는 어려움을 겪는다.

1788년부터 시작되는 모차르트 일가의 재정적 위기의 원인에 대해서는 논란의 여지가 많다. 콘스탄체는 자주 돈을 빌렸다. 아마도 그녀는 아무런 대책 없이 가정을 꾸렸을 것이고, 또한 너무 많은 돈을 소비적인 생활에

사용했을 것이라고 전해진다. 그렇지만 모차르트 부부
가 비록 낭비적인 성향을 갖고 있었다 하더라도 그것이
재정적 파탄의 직접적인 이유로는 적절치 않으며, 따라
서 오늘날까지도 명쾌하게 밝혀지지 않고 있다. 어쨌든
모든 책에 중요하게 등장하는 것은 모차르트와 콘스탄
체가 값비싼 치료와 의료 비용으로 연결되는 건강상의
문제점들을 갖고 있었다는 점이다. 이것 말고도 상황이
악화된 국가의 경제 사정을 들 수 있다. 빈은 러시아와
터키의 전쟁으로, 다시 말해서 고물가와 전쟁 관련 세금
으로 타격받고 있었다. 귀족들은 자신의 영토로 돌아갔
다. 그로 인해 연주회는 피해를 입게 되었으며, 음악가
들은 사례금을 잃게 되었다. 그러나 이러한 이유들도 모
차르트의 계속 늘어만 가는 금전적 위기를 설명하는 데
충분치 못하다. 그런 가운데 모차르트가 파산할 정도의
많은 도박 빚을 지고 있었을 것이고, 이것이 결국 그를
몰락시켰을 것이라는 연구가 나왔다. 물론 이것 역시 증
명되지는 못하고 있다.

빚을 갚기 위해 모차르트는 아주 열심히 일했고 노력을
아끼지 않았다. 1788년 6월 중순 그는 상인이자 프리메
이슨 회원이었던 미하엘 푸흐베르크(Michael Puchberg)
에게 편지를 보내 대부(貸付)를 부탁한다. 이런 종류의
편지는 모차르트의 말년까지 이어진다. 바로 심각한 위

기에 처한 한 인간의 기록이었다. 푸흐베르크는 언제나 계속해서 돈으로 그를 도왔다. 그러나 빚이 산더미처럼 쌓이게 되자 그는 친구들과 지인들 그리고 대부업자에게까지 돈을 빌리게 되며, 금전적인 압박으로부터 벗어나기 위해 심지어 값나가는 물건을 전당포에 맡기기도 한다.

> 사랑하는 형제여 …… 나는 아직 자네에게 8두카텐의 빚이 있다네. 게다가 이번에 내가 자네에게 그 빚을 갚을 처지가 아니네. 그래서 자네가 나를 믿지 못하겠지만 그래도 감히 몇 주 동안만 …… 100플로렌을 빌려 달라고 부탁하겠네.
>
> 1788년 6월 17일 미하엘 푸흐베르크에게 보내는 편지, 모차르트, BA 4, 65쪽

이렇듯 어려운 형편으로 인해 상당한 정신적 부담을 받고 있을 때에도 모차르트는 작곡을 멈추지 않았다. 생활의 괴로움들에 영향을 받지 않고 작곡을 할 수 있었다는 점은 모차르트 성격의 한 특징이기도 하다. 음악 작가인 에릭 블롬(Eric Blom)은 이러한 현상을 "천재의 냉담함"이라고 부르고 있으며, 1783년 옆방에서 아내 콘스탄체가 그들의 첫째 아이를 출산하고 있는 중에도 모차르트는 D단조 현악4중주 KV421을 작곡했다는 일화에서 이 말을 따왔다. 훨씬 더 큰 압박 속에서, 이제 금전적인 압박까지 받으면서도

마지막 세 편의 교향곡 165쪽 이하 참조

모차르트는 E플랫장조, G단조, C장조(〈주피터 교향곡〉)의 교향곡을 작곡한다. 1788년 6월에서 8월 사이에 나온 이 작품들은 모차르트의 교향곡 작품들 가운데 절정의 기량을 선보인다. 이 교향곡들이 그의 생전에 연주되었

음은 당연하다. 사본들도 존재하고 있다. 물론 후기 피아노 협주곡의 경우에서처럼 주관성, 즉 이러한 걸작들의 고백적 성격이 동시대의 관객들을 불안하게 했을 것이라는 추측도 할 수 있다.

부채로 인한 어려움에 직면한 모차르트가 1789년 그의 피아노 제자이자 친구였던 카를 리흐노브스키(Karl Lichnowsky) 후작의 베를린 출장에 동행해 주었으면 하 **베를린 여행** 는 초대를 받아들였다는 사실은 놀라운 일이 아니다. 모차르트는 아마도 프로이센의 왕이었던 프리드리히 빌헬름 2세 밑에서의 일자리를 생각하고 있었을 것이다. 4월 8일에 시작된 이 여행은 프라하를 거쳐 드레스덴으로 향하고, 작센 관저(Sachsenresidenz)에서 이미 돈이 지불된다. 여기서 모차르트는 자신에게 100두카텐 (약 450굴덴)이 들어 있는 "아주 예쁜 상자"(BA 4, 83쪽)를 선물한 프리드리히 아우구스트 3세(Friedrich August III) 후작 앞에서 연주회를 연다. 다음 목적지는 라이프치히였고, 모차르트는 이곳 토마스 성당(Thomaskirche)의 열광하는 청중들 앞에서의 오르간 연주를 받아들이지 않는다. 이후 라이프치히를 다시 방문했을 때 그는 게반트하우스(Gewandhaus)에서 〈프라하 교향곡〉을 공연한다.

4월 25일 모차르트 일행은 포츠담에 도착한다. 첼로도 연주하며 독일의 징슈필을 위한 노력뿐 아니라 요한 라이히하르트(Johann Reichhardt)에 의해 기초가 다져진 '종교음악 연주회(Concerts spirituals)'를 지원하고 있던 프리드리히 빌헬름 2세는 상당한 음악 애호가였다. 군주는 빈에서 온 손님들을 환대했다. 5월 26일 프리드리히 빌헬름의 딸인 프리데리케(Friederike) 공주가 참석한 가운데 연주회가 열렸다. 이에 대한 대가로 모차르트는 100프리드리히도르의 금화를 받는다. 그렇지만 공식적인 연주회 하나가 취소되자 그는 집으로 다음과 같은 편지를 보내야만 했다. "사랑하는 아내여, 당신은 돈보다 내가 먼저 돌아오는 것에 대해 기뻐해야 할 것이오."(BA 4, 89쪽) 그럼에도 불구하고 여행에서 번 돈은 약 800굴덴이나 되었다. 프리드리히 빌헬름을 위하여 모차르트는 세 개의 '프로이센 4중주(Preußischen Quartette)' KV575, 589, 590(1789~1790)을 작곡한다. 그에 반해 '여섯 개의 쉬운 피아노 소나타'가 필요한 공주를 위해서는 나중에 D장조 KV576 단 한 곡만이 완성된다. 작곡 의뢰에 관한 기록은 존재하지 않는다.

모차르트는 몇 주 만에 다시 빈으로 돌아온다. 전국에 프랑스 혁명의 소식이 퍼졌기 때문이었다. 이런 상황 속에서 어떤 소재의 현실성에 대한 감지능력을 증명한 것은 바로 오스트리아 황제 자신이었다. 〈피가로〉는 이제 새롭게 연출되었으며, 이번에는 정치적 상황을 배경으로 압도적인 성공을 거두었다. 〈피가로〉는 다음 반년 동안 29회나 공연되었다. 그렇지만 이것으로도 충분치 못했고, 요제프 2세의 귀에 모차르트의 재정적 위기에 관한 소식이 들어간다. 그래서 그는 모차르트에게 다 폰테의 대본 〈Cosi fan tutte ossia scuola degli amanti('모두 그렇게 한다 또는 사랑하는 사람들의 학교')〉를 위임한다. 아마도 요제프 2세에 의해 제안되었을 이 주제는 빈의 장교 집단에서 발생했던 한 사건에서 유래했다. 〈코지 판 투테〉는 사랑의 검증에 관한, 즉 시험적인 유혹과 부정(不貞) 그리고 결국 정절의 찬양에 관한 현실적이며 무자비한 드라마이다. 이 오페라 부파는 2개월 만에, 다시 말해서 1790년 초에 완성되며, 모차르트는 그에 대한 사례로 450굴덴을 받는다. 초연은 1790년 1월 26일 부르크테아터에서 공연되었다. 이 작품은 〈돈 조반니〉처럼 그저 평범한 성공을 거둔다. 그 내용은 인습적인 것들을 너무 많이 훼손시켰으며 관객이 자신만만하게 극장에 익숙해져 있던 것들에 대해 도전했다. 부정한 여인들 '조차도' 유능할 수 있다는 주장, 이러한 '말도 되지 않는 내용' 때문에 이 작품은 20세기에 접어들 때까지 거의 아무런 주목도 받지 못했다. 어쨌든 〈코지 판 투테〉는 그해 2월 20일 요제프가 사망하고, 이에 따른 국가 애도 기간으로 인해 연주 활동이 금지되었기 때

147쪽
'코지 판 투테'
이하 참조

문에 단지 몇 번밖에 공연되지 못했다. 요제프의 죽음과 함께 모차르트는 가장 중요한 후원자를 잃고 말았다.

1790년 모차르트는 몇 작품밖에 작곡하지 못했다. 1790 년은 불안과 불쾌한 국면으로 점철된 해였다. 그리고 빚은 급격하게 증가했다. 사람들은 모차르트가 채권자들을 피하면서 그로 인해 자신의 명성에 해를 입게 되었을 것이라고 추측한다. 그 결과 모차르트에겐 신경과민과 산만한 상태가 이어졌고 몇 개월 동안 레슨 받는 학생의 수도 눈에 띄게 줄어들었다. "내가 수업을 한다는 사실을 널리 알려 주시오"(BA 4, 108쪽)라고 모차르트는 자포자기한 태도로 푸흐베르크에게 편지를 쓴다. 그는 빈 인근의 바덴(Baden)에서 여름을 보내고 있는 와병 중의 콘스탄체를 자주 찾았다.

요제프 2세의 형제인 레오폴트 2세가 정권을 인수함에 따라 모차르트는 새로운 희망을 갖게 되었다. 황제는 최소한 16명의 자녀들을 갖고 있었으며, 그들은 음악수업을 필요로 했기 때문이다. 봄에 모차르트는 군주에게 자신을 위해 교회음악 분야의 책임을 맡는 카펠마이스터 자리를 신설해 달라는 청원을 한다. 이것 말고도 그의 관심을 끌었던 것은 종교음악을 담당하는 궁정 작곡가 자리였다. 그러나 레오폴트는 자신이 빈의 음악 생활을 관리하기 위해 다른 생각을 갖는다. 터키 전쟁은 국가를 어렵게 했고, 개혁적인 것들은 중단되었으며 독립을 원하는 헝가리인들 역시 황제에게는 위험이었다.

그럼에도 불구하고 모차르트는 레오폴트 2세의 프랑크푸르트에서의 대관식에 참석하기 위해 궁으로부터의 초대를 기대하고 있었다. 그렇지만 앞으로 황제가 될 레오폴트와 새로운 궁정은 그를 고려하지 않았다. 그러나 모차르트에게는 필요성이 있었기 때문에, 그는 자력으로의 여행을 계획하고 그 비용 마련을 위해 은제 식기를 저당 잡힌다. 9월 28일 그는 동서인 프란츠 호퍼와 함께 프랑크푸르트에 도착한다. 이곳에서 그들은 잘츠부르크 시절의 친구였던 극장 감독 요한 뵘(Johann Böhm)의 집에 머문다. 마인 강변에 자리 잡은 프랑크푸르트의 문화적 기회는 엄청났다. 축전 공연과 견본시(見本市) 그리고 연주회들 말고도 수많은 예술가의 무대공연이 쏟아져 나왔다. 세 개의 극장이 동시에 공연을 했으며, 제국의 직속도시는 요란한 손님들로 시끌벅적했다. 그러나 모차르트는 이런 요란함을 진심으로 즐길 수가 없었다. 프랑크푸르트에 도착한 지 채 이틀도 되지 않아 그는 벌써 고향을 생각하며 콘스탄체를 그리워한다. 그는 점점 더 콘스탄체에게 집

프랑크푸르트

> 나는 다시 당신에게 돌아가게 되어 마치 아이처럼 기쁘오. …… 모든 것이 내겐 차갑게 느껴지오. 얼음처럼 차갑게. 그렇소, 만일 당신이 내 곁에 있었더라면…….
>
> 1790년 9월 30일 프랑크푸르트에서 콘스탄체에게 보내는 편지, 모차르트, BA 4, 114쪽

착했다. 비록 모차르트는 자신의 오페라를 통해 알게 된
팬들과 후원자들을 만났지만 경쟁은 치열했다. 〈돈 조반
니〉대신에 인기를 누리고 있던 카를 디터스 폰 디터스
도르프(Karl Ditters von Dittersdorf)의 코믹 오페라 〈Die
Liebe im Narrenhaus(정신병원에서의 사랑)〉이 공연되었
으며, 〈피가로〉대신에 아우구스트 빌헬름 이프란트
(August Wilhelm Iffland)의 연극 〈Friedrich von
Österreich(오스트리아의 프리드리히)〉가 무대에 올랐다.
대관식 행사는 10월 9일 시작되어 며칠간 계속되었다.
그러던 10월 9일 마침내 모차르트는 프랑크푸르트 극장
에서의 연주를 허락받았고 많은 사람들이 몰린 것에 기
뻐한다. 그는 D장조 피아노 협주곡 KV537을 연주했고,
이 곡은 후에 '대관식 협주곡(Krönungskonzert)'이라는
별명을 얻는다. 그리고 그는 자신의 교향곡 한 곡을 연
주했고, 자유로운 상상력을 갖고 있는 청중들을 매료시
킨다. 그럼에도 불구하고 지불 능력은 여전히 나아지지
않았다. 그들은 만찬에 초대받거나 예술단의 훈련 같은
것을 구경했다.
모차르트에게 집중되었던 모든 감탄에도 불구하고 모차
르트는 새로운 계약을 체결하는 데 실패했고, 수입은 기
대했던 것에 못 미쳤다. 오히려 프랑크푸르트의 무역업
자인 하인리히 라켄바허(Heinrich Lackenbacher)에게

1000굴덴을 빌리는 '차용증'에 서명해야 했다. 자신의 연주회 다음 날 그는 프랑크푸르트를 떠나 마인츠로 향한다. 그리고 그는 다시 만하임으로 향한다. 이곳에서는 모차르트가 참석한 가운데 〈피가로〉의 독일어 초판 공연이 준비되고 있었다. 다행히도 귀향길의 마지막 목적지는 금전적으로 가치가 있었다. 바로 뮌헨의 카이저잘(Kaisersaal)에서 그는 카를 테오도르(Karl Theodor) 후작이 초대한 궁정연주회에 참석하게 된다. 그리고 그는 여기서 상당한 돈을 받는다. 하지만 빈으로 돌아왔을 때 바로 갚아야 할 채무가 줄줄이 그를 기다리고 있었다. 모차르트와 콘스탄체는 그들이 갖고 있는 가구 전부를 저당 잡힌다.

일찍 떠난 모차르트(1791년)

모차르트가 사망한 1791년은, 부족한 증거와 근거 없이 떠도는 이야기들과는 달리, 그가 예술적으로 가장 많은 작품을 내놓은 해이다. 처음 반년 동안 세 개의 협주곡이 나오는데, 그 가운데 두 개는 해마다 자선연주회에 등장할 정도로 잘 알려져 있다. 1790년 11월 모차르트는 외국으로부터 한 가지 제안을 받는다. 영국의 흥행업자 로버트 메이 오라일리(Robert May O' Reilly)는 매년 두 개의 오페라를 올릴 수 있다는 보증을 하며 그에게 "영국에서 작곡가로 일할 수 있는 자리"를 약속한다. 그러나 모차르트는 프라하와 빈에서 새로운 오페라 공연을 원했기 때문에 반응을 보이지 않았다. 다음해 봄, 그는 순수한 호기심에서 임기가 다 된 카펠마이스터 레오폴트 호프만(Leopold Hofmann)이 맡고 있던 스테판 성당(Stephansdom)의 부(副) 오르가니스트로 우선은 무료로 출연하겠다는 제안을 한다. 승인은 즉시 이루어졌고, 호프만이 그만둔 뒤 카펠마이스터 자리를 인수하겠다는 제안도 허락된다. 모차르트가 사망하기 바로 전인 12월,

영국으로부터의 제안

마침내 그 헝가리 귀족 출신 흥행업자는 매년 1000굴덴의 재정적 지원을 그에게 제안한다. 특히 독일에서의 늘어나는 악보 판매에 대한 수익도 받게 된다.

1791년은 빚을 청산할 수 있는 새로운 계약들이 이루어진다. 레퀴엠을 비롯해 두 개의 오페라 〈마술피리〉와 〈티토 왕의 자비(La clemenza di Tito)〉, 모차르트의 마지막 B단조 피아노 협주곡과 A장조 클라리넷 협주곡 그리고 그가 잘츠부르크의 호른 연주자 요제프 로이트게프(Joseph I. Leutgeb)를 위해 작곡했던 D장조 호른 협주곡이 그것이다. 모차르트의 가계(家計)는 다시 안정을 되찾았다. 1791년 2000굴덴 이상이 되는 수입으로 채무는 부분적으로 변제된다. 게다가 바로 인쇄된 새로운 작품들에 대한 출판사의 사례금이 들어왔다.

**180쪽 이하와
185쪽 이하 참조**

요제프 2세는 빈에 국립극장 같은 것을 세우려고 노력했었으며, 레오폴트가 이끄는 무대는 다시금 이탈리아 오페라를 선호하는 궁정의 취향과 어울렸다. 최악의 경우를 예상한 모차르트는 결심을 하고 궁정과 독립적인 관계에 있던 빈의 프라이하우스테아터(Frei-haustheater)의 감독 에마누엘 시카네더(Emanuel Schikaneder)와 의논을 한다. 모차르트 일가는 시카네더를 1780~1781년 잘츠부르크에서 알게 되었다. 그때 시카네더는 극장의 앙상블을 이끌고 있었으며, 모차르트 가족에게 무료입장을 보장했었다. 그의 예술단은 독일어권에서는 최고로 손꼽히고 있었기 때문에 요제프 2세는 1784년 이 앙상블을 빈으로 불러들인다. 3년 뒤인 1787년 프라이하우스 극장이 비덴(Wieden)에 새로이 문을 열었다. 교외에 위치한 이 극장은 징슈필과 마술공연 전용장으로, 규모가 크고 비용과 노력이 많이 드는 스펙터클한 공연을 무대에 올렸다. 관객은 소시민들과 고상한 시민 계급이 뒤섞여 있었다. 모차르트의 진출은 성공적이었다. 실제로 그는 시카네더로부터 자신을 위한 오페라 하나를 작곡해 달라는 의뢰를 받는다. 타미노 왕자를 통해 구출되는 유괴된 파미나의 이야기를 다룬 작품이었다. 모차르트가 자신만의 새로운 관객들을 위해 쓴 최초의 작품인 이 오페라는 바로 그의 취향이었다.

155쪽
'마술피리'
이하 참조

> 오페라를 하나 작곡해 보시오. …… 오늘날의 빈 관객들을 염두에 두고. 여기서 전문가들과 당신의 명성에 걸맞은, 바로 당신의 것을 보여 주시오. 그러나 물론 각별히 모든 계층의 낮은 사람들도 신경을 써야 할 거요.
>
> 모차르트에게 보내는 에마누엘 시카네더의 작업 의뢰서,
> 니센(Nissen), 1984년, 548쪽 이하

작곡이 언제 시작되었는지는 기록이 없지만 이미 1790년에 이 오페라를 시작했을 것으로 추정된다. 1791년 5월 바덴(Baden)에 있는 콘스탄체와 편지 왕래가 시작되는데, 여기서 모차르트는 자신이 여러 번 시카네더와 함께

식사를 했다고 언급하고 있다. 아마도 그러한 자리에서 〈마술피리〉에 관한 이야기가 오가지 않았을까 하는 추론이 가능하다. 7월 2일 그는 콘스탄체에게 자신의 학생들 가운데 하나인 쥐스마이어(Süssmayer)에게 "1악장에서, 즉 도입부부터 시작해서 피날레까지 자신의 파트를 기악 편성할 수 있게끔 해서 보내 주었으면"(Ba 4, 144쪽) 한다는 말을 전해 달라고 부탁한다. 이것은 이 작업이 211쪽 참조 얼마나 일찍 시작되었는지를 분명히 보여 주고 있다. 〈마술피리〉는 추정상 7월 말에 완성되었으며, 초연은 9월 30일 모차르트의 지휘로 무대에 올랐다. 이번에는 대본에 대한 비난에도 불구하고 시작부터 성공적이었다. 〈마술피리〉는 처음 5주간 20회나 공연되었으며, 1792년 11월에는 100회 공연에 이른다.

1791년 7월 모차르트는 또다시 프라하로부터 그해 두 번째 오페라를 의뢰받는다. 프라하 나치오날테아터의 감독 도메니코 구아르다소니(Domenico Guardasoni)는, 과도한 작업으로 인해 살리에리가 거절했기 때문에, 보헤미아의 왕이 되는 레오폴트 2세의 대관식을 위한 축하 오페라를 맡길 작곡가를 찾고 있었다. 이 일을 계기로 빈 궁정에서의 신분 상승 기회를 기대하던 모차르트는 승낙한다. 대본으로는 이미 여러 번 곡이 붙여진 바 151쪽 '티토 왕의 자비' 이하 참조 있던, 군주의 이상적인 모습을 그리고 있는 피에트로 메

타스타시오의 〈La clemenza di Tito('티토 왕의 자비')〉
가 선택되었다. 현명한 군주 티토는 자신을 죽이려고 했
던 친구를 용서한다. 아마도 이러한 '선한 군주'에 대한
선전으로부터 요세핀 식의 개혁들이 계속될 것이라고
잘못 생각한다. 비록 그와 같은 바람이 착각임에도 불구
하고……

7월 14일 구아르다소니는 빈에 도착한다. 그는 모차르
트와 그리고 반년이나 빈에 체류하면서 대본을 현대화
해야만 했던 드레스덴의 궁정 시인 카테리노 마촐라
(Caterino Mazzolà)와 담판을 짓기 위해 온 것이었다. 마
촐라가 늦어도 7월 마지막 주에는 시작한 이 작업은 신
속하게 진행되었다. 6주 후에 모차르트는 짐작하건대
마촐라와 함께 리허설을 보기 위해 프라하로 출발한 것
같다. 콘스탄체와 모차르트를 (아마도 레치타티브의 완성을)
도와 준 쥐스마이어가 일행과 함께했다. 때문에 이 작품
은 제 시간에 완성되어, 9월 6일 대관식 날 초연될 수 있
었다. 청중(선택된 궁정과 귀족과 유력인사들로 구성된 관객)의
반응은 열광적이지 않았고 궁정은 불쾌한 표정을 드러
냈으며, 마리아 루이자(Maria Louisa) 황후는 〈티토〉를
소위 "독일의 불결함(Una porcheria redesca)"이라는 말
까지 사용하여 폄하했다. 그렇지만 이후 며칠 만에 이
작품에 대한 호응이 늘어나면서 9월 말에 마지막 공연

이 이루어진다. 모차르트는 슈타들러에게 "이례적인 갈채"(BA 4, 96쪽)를 받았다는 편지를 보낸다.

1791년 초여름, 콘스탄체의 두 번째 남편으로 비교적 규모가 큰 모차르트 전기를 저술했던 게오르크 니센(Georg Nissen)의 기록에 따르면, 이후 모차르트에 관한 수많은 전설의 소재를 제공하게 되는 만남이 이루어진다. 모차르트는 뜻밖에 한 신비스러운 '사자(使者)'의 방문을 받는다. 그는 모차르트가 자신을 고용한 사람을 위하여 '사자(死者)를 위한 장례미사곡(Totenmesse)'을 작곡해 줄 수 있는지를 묻는다. 모차르트는 승낙하고 450굴덴을 요구한다. 그가 프라하로 떠나기 바로 전에 그 사자는 작품을 가져가기 위해 두 번째 방문을 한다. 그러나 모차르트는 그 기한을 지킬 수 없어서 연기를 부탁한다. 불길한 느낌의 방문자는 오랫동안 낭만적인 모차르트의 모습과 잘 어울렸다. 모차르트에게 '죽음의 사자'가 찾아오고, 그때부터 자기 자신의 레퀴엠을 작곡한다. 그러나 연구를 통해 그동안 가려져 있던 진실이 새로이 드러났다. 레퀴엠을 의뢰한 사람은 빈 남쪽에 있는 노이슈타트(Neustadt)에 거주하고 있던 프란츠 발제크 스투파흐(Franz Walsegg-Stuppach) 백작이었다. 그는 저명한 작곡가들에게 작품을 의뢰하고, 그것을 나중에 자신의 것으로 내놓는 습관을 갖고 있는 사람이었다. 이 레퀴엠은

1791년 2월 21세로 사망한 자신의 부인을 기억하고자 했던 것으로, 실제로 슬픔에 빠진 백작은 모차르트가 사망한 뒤 이 작품을 정식으로 옮겨 적는다. 레퀴엠은 백작 서명이 적힌 채 1793년 12월 14일 빈 인근 노이슈타트에 있는 치스터치엔저 성당(Zisterzienserkirche)에서 성공적으로 공연되었다.

202쪽
'D단조 레퀴엠'
이하 참조

그는 프라하에서 돌아온 뒤인 9월에야 비로소 레퀴엠에 전념해, 11월 첫 주에 초안을 내놓는다. 가족은 곁에 없었고 그의 건강상태는 악화되었다. 콘스탄체는 몇 개월 전부터 요양 중이었으며, 지금까지 출생한 다섯 명의 자녀들 가운데 유일하게 남은 일곱 살의 카를 토마스는 페르히톨드도르프(Perchtoldsdorf)에 있는 기숙사 학교에 다니고 있었다. 모차르트는 우울했고 신경과민 상태에 빠졌으며 불안해 했다. 죽음에 대한 생각이 그를 괴롭혔다. 아주 오래전부터 그는 두통으로 고통받고 있었으며,

나는 당신에게 내 감정을 제대로 표현할 수 없소. 그건 분명 공허감이라오. 바로 나를 아프게 하는, 분명한 열망이라오. 결코 만족될 수 없는, 따라서 결코 멈출 수 없는, 언제나 앞으로 달려 나가는, 그렇소, 매일매일 우리가 바덴에서 얼마나 재미있게 어린아이처럼 함께 있었는지를 생각할 때 나는……

1791년 7월 7일 빈에서 콘스탄체에게 보낸 편지,
모차르트, BA 4, 150쪽

게다가 몇 분씩 정신을 잃기도 했다. 그는 반쯤은 텅 비어 있는 정리되지 않은 집에서 거주하고 있었다. 그는 자주 바덴을 방문했다. 7월 26일 이곳에서 가족의 여섯 번째 아이인 프란츠 크사버 볼프강(Franz Xaver Wolfgang, 1844년 사망)이 태어나지만, 이곳의 분위기는 전혀 밝지 못했다. 콘스탄체의 상태(그녀는 분명 정맥혈전증을 앓고 있었다)가 심각했기 때문이었다. 그럼에도 불구하고 10월 중순 콘스탄체는 예정보다 일찍 빈으로 돌아왔다. 모차르트가 이제 더 이상 혼자 있는 것을 원치 않았기 때문이다.

두 사람은 다시 만나게 된 것을 축하하기 위하여 프라터 공원에 가지만, 이날은 암울하게 끝나고 만다. 모차르트는 우울한 기분에서 벗어날 수 없었으며, 프란츠 발제크 스투파흐 백작으로부터 주문받은 것이 자기 자신의 죽음을 위한 레퀴엠이 아닌가라는 예감을 떨치지 못해 고통받고 있었다. "나는 분명코 …… 내가 더 이상 오래 버티지 못할 것임을 느끼고 있소. 분명 사람들은 나에게 …… 지금까지 독을 주었소! 나는 이 생각을 전혀 떨쳐 버릴 수 없소."(니메체크, 1808, 51쪽에서 인용) 그래서 모차르트의 죽음 후 얼마 되지 않아 출판된 니메체크의 전기에는 이렇게 인용되고 있는 것이다. 그리고 여기서 독살에 대한 동기가 처음으로 등장하고 있다. 이미 프라하에서부터 모차르트는 병에 걸려 있음을 직감했으나 그 후 나아지는 기미가 거의 보이지 않았다. 불안감을 느낀 콘스탄체는 마침내 의사를 부르지만, 그가 내린 처방은 오로지 쉬라는 것뿐이었다. 11월 15일 모차르트는 자신의 마지막 곡인 〈작은 프리메이슨 칸타타(Kleine Freimaurer-Kantate)〉를 완성한다. 이틀 뒤 이 작품은 '뉴 크라운드 호프(New Crowned Hope)' 집회소에서 연주된다. 모차르트의 지휘자로서의 마지막 등장이었다.

중병(重病) 11월 20일부터 모차르트는 결국 병으로 드러눕게 된다. 팔과 다리의 부종 때문에 그는 거의 움직일 수가 없었고 며칠 뒤에는 부분적인 마비와 고열까지 동반되었다. 그의 병상으로 날아온, 〈마술피리〉가 성공적이라는, 좋은 소식에도 불구하고 그의 상태는 11월 28일 더욱 악화된다. 그래서 사람들은 마지막을 위해 병원의 주임 신부를 불러야만 했다. 진단은 '고열의 포립증'(당시 많은 빈 시민들이 이 병에 희생되었다)으로 밝혀졌다. 담당 의사였던 토마스 클로세트(Thomas S. Closset)는 사태를 비관하고 있었다.

모차르트의 죽음에 대한 태도는 가톨릭 신앙에서 유래한다. 그는 신의 의지에 자신을 내맡기고 있었으며, 따라서 위안을 얻을 수 있었다. 1787년 4월의 한 편지에서 그는 당시 죽음에 이를 수 있을 정도로 심각하게 앓고 있던 부친에게 다음과 같이 적고 있다. "정확히 이야기하면 죽음은 우리 인생의 진정한 최종 목적이기 때문에, 저는 몇 년 전부터 인간의 진정한 친구와 잘 지내고 있어요. 죽음의 모습은 그래서 저에게는 더 이상 끔찍한 어떤 것이 아니라 오히려 편안함과 위안을 가져다 주는 것이에요!"(BA 4, 41쪽) 그렇지만 그 자신의 죽음을 앞에 두고 비통함과 환멸감이 드러난다. 죽음은 너무 빨리, 아무런 준비도 없이 그를 엄습했다. 마치 모차르트가 오랫동안 갖고 있던 냉정함을 유지할 수 있는 능력을 여전히 갖고 있었던 것처럼.

최후의 순간까지 모차르트는 대화가 가능했다. 콘스탄체의 여동생인 소피의 이야기에 따르면, 죽어 가던 모차르트는 12월 4일 밤까지도 미완성이었던 레퀴엠의 악보를 침대로 가져오게 했다. 그리고는 그는 의식을 잃었다. 12월 5일 새벽 1시 모차르트는 눈을 감는다.

도대체 어떤 질병이 모차르트를 사망으로 몰고 갔는가의 문제는 오늘날까지도 논란이 되고 있으며, 여러 가지 추측이 난무하고 있다. 그중에 살리에리와 프리메이슨, 그리고 다른 의심스러운 사람들의 독살이라고 하는 주장이 설득력을 얻고 있다. 사망 기록부에는 죽음의 원인이 '고열의 포립증'으로 적혀 있다. 니더외스터라이히 주(州) '기록 담당 의사'인 에두아르트 굴데너(Eduard

사망 원인

Guldener)는 1828년 한 편지에서 클로세트 박사에 의해
진단된 (당시의 지식 수준에 비춰 보면 아주 올바른) 판단에 대
해 설명하고 있다. 오늘날까지도 인정을 받고 있는 굴데
너의 판단에 따르면, 모차르트는 류마티스성 염증으로
인한 고열로 고통받았으며, 고열은 "머리 속의 기능 저
하"를 가져왔다. 1966년 모차르트의 죽음에 관한 상황
에 대해 과학적인 이론을 펼쳐 여전히 인정받고 있는 글
을 내놓았던 카를 배르(Carl Bär)에 따르면, 이것은 류마
티스성 고열의 최종 단계로서 바로 죽음의 원인이었다.
12월 7일 모차르트는 매장된다. 사망 기록부에는 6일로
되어 있지만, 추측컨대 그것은 잘못된 기록일 것이다.
슈테판 성당에서의 장례미사(Einsegnung)에는 소수의
조문객만이 참석했다. 절망적인 상태였던 콘스탄체는
친구들과 지인들에게 남편의 죽음을 알리는 것을 그만
잊었던 것이다. 저녁 때쯤 모차르트의 관은 성 마르크스
(St. Marx) 공동묘지로 운구되었다. 당시 빈 시민들에게
흔한 매장 형태인 집단 매장으로 인해 모차르트는 다른
5구의 시체와 함께 묻힌다. 묘지에는 표시가 되지 않았
지만, 나중에(모차르트 탄생 100주년 바로 전에) 그 위치가
정해진다.

모차르트에 대한 경의를 표하기 위해 12월 23일 나치오
날테아터에서 연주회가 열렸는데, 궁신(宮臣)들까지도

참석했다. 또한 프리메이슨들도 그들의 동료를 생각해서 1792년 4월 장엄한 추도식을 개최한다. 그리고 1793년 1월 2일 그의 레퀴엠이 초연된다. 이것은 반 스비텐(van Swieten) 후작이 콘스탄체와 모차르트의 아들들을 위해 준비한 자선공연이었다.

모차르트는 사망에 대비해서 아무것도 준비하지 않았다. 그것은 그의 나이에 비추어 볼 때 어쩌면 당연한 것이었다. 콘스탄체는 도움을 청하러 다녀야만 했고 궁정으로부터 소액의 연금을 받게 되었다. 그녀는 때로 가수로 무대에 오르게 되는 자선공연을 통해서, 또 남편의 악보를 팔아서 생활했다. 여러 사람들의 배려 덕택에 콘스탄체는 두 아들의 교육에 전념할 수 있었다. 카를 토마스는 기초 음악교육을 받고 밀라노에서 행정직으로 일하게 되었으며, 반면 부친을 닮고 싶어했던 프란츠 크사버 볼프강은(그는 나중에 '볼프강 아마데우스'라고 이름을 바꾸게 된다) 피아니스트로서 그리고 피아노 협주곡과 피아노 소품, 실내악을 발표하는 작곡가로서도 활동하게 된다. 1809년 콘스탄체는 덴마크 출신의 외교관이었던 게오르크 니콜라우스 폰 니센(Georg Nikolaus

모차르트의 아들 카를 토마스와 프란츠 크사버 볼프강. 프란츠는 1842년 잘츠부르크에서 거행된 모차르트 기념비 제막식에서 연주회를 연다

von Nissen)과 재혼한다. 그가 1823~1826년에 썼지만 완성하지 못한 모차르트의 전기에는 다음과 같은 기록이 있다. "그의 앞에 있었던 어떤 작곡가도 그의 다양한 방향 속에서 등장하는 예술의 광범한 영역을 그렇게 완전하게 이해할 수는 없었을 것이며, 또한 그 예술에서 파생되어 나온 모든 부문에서 그렇게 완벽한 작품을 만들어 내지 못했을 것이다. 오페라에서 간단한 가곡에 이르기까지, 교향곡의 비판적인 탁월함에서 경쾌한 춤곡에 이르기까지 …… 그의 작품들은 당연히 가장 풍부한 상상과 가장 강렬한 감각과 가장 섬세한 취향의 특징을 담고 있다."(니센, 1984, 628쪽)

작품

Werk

흐르는 듯한 경쾌함과 예술가로서의 심오함

30년이라는 짧은 기간에 만들어졌음에도 불구하고 너무나도 광범위한 모차르트의 작품은 모든 음악적 표현양식과 장르를 망라하고 있다. 화려한 단성(單聲)적인 사교음악(Gesellschaftsmusik)에서부터 교향곡적으로 다성(多聲)적으로 구상된 위대한 정신을 담고 있는 '고백적 작품들(Bekenntniswerken)'까지 모차르트는 오페라하우스를 위하여, 공공의 콘서트홀을 위해, 귀족 계층의 관객을 위해, 시민계층의 애호가로 구성된 오케스트라를 위하여, 성당과 자기 자신을 위하여 작곡했다. 모차르트는 어렸을 때부터 이미 별다른 노력 없이 작곡과 당시 유행하던 경향적 스타일의 표현기법을 자연스럽게 받아들였다. 예를 들면 이탈리아의 칸타타 양식과 요한 크리스티안 바흐의 교향곡이 지니고 있는 활기와 우아함 그리고 '만하임 악파(樂派)'의 역동성과 대조적인 성격 등이 그것이다. 그러나 세월이 흐르면서 점차 모차르트만의 표현양식이 등장하게 된다. 처음 그의 음악 스타일은 경쾌함과 우아함 그리고 따스함으로 인해 매력적이었으

며, 나중에는 반항과 슬픔과 고통으로까지 이어지는 심
원하며 극적인 긴장감이라는 특성이 등장한다.

이 책에 설명되어 있는 아주 중요한 작품들에는 오페라
와 징슈필, 발레와 무대음악 등과 같은 20여 편이 넘는
무대작품뿐만 아니라 약 50여 편의 교향곡, 30여 개의
피아노 협주곡 그리고 20개가 넘는 바이올린, 플루트,
호른, 클라리넷, 파곳 등을 위한 독주곡이 있다. 40여 개
가 넘는 세레나데와 두 가지 이상의 독주 악기가 등장하
는 협주곡, 그리고 약 90여 편에 달하는 예배용 또는 종
교적 작품들(미사곡, 칸타타, 위령기도(Litanei), 저녁기도
(Vesper), 키르헨소나타(Kirchensonate))과 실내악 그리고
피아노 음악과 〈제비꽃(Das Veilchen)〉, 〈봄을 기다리며
(Sehnsucht nach dem Frühling)〉 등과 같은 약 30여 곡의
가곡 역시 잊어서는 안 된다.

오페라

모차르트는 오페라를 좋아했다. 그의 작품으로 인해 오 페라라는 장르의 발전이 크게 촉진되었다. 청소년 시절 밀라노를 위해 작곡했던 오페라들을 보면 그는 요한 A. 하세(Johann A. Hasse)와 같은 모범적인 인물들의 창작 방법에 정통해 있었을 뿐만 아니라 계속 발전시켰으며, 자신의 개성을 부각시켰다. 1773년까지의 1단계에 나온 작품들은 여전히 이탈리아풍의 칸타빌레 양식을 전적으 로 따르고 있었다. 다시 말해서 당시 관객들의 취향을 따랐던 것이다. 1775~1781년의 2단계는 〈가짜 여정원 사(La finta giardiniera)〉(모차르트의 첫 번째 오페라 부파의 시 도)로 시작해 극적인 성격과 열정과 표현의 진실성이 서 로 결합하는 〈이도메네오〉(1781년)에서 그 절정을 이룬 다. 3단계는 1781~1791년으로 독일 징슈필에 대한 모차 르트의 가장 중요한 기여라고 할 수 있는 〈후궁으로부터 의 유괴〉(1782년)로 시작한다. 〈피가로의 결혼〉(1786년)과 〈돈 조반니〉(1787년), 〈코지 판 투테〉(1790년)와 같은 걸작 오페라들이 연이어 나오게 되고, 이 같은 작품은 이전

단계의 작품들과 비교해 등장인물에 대한 정확한 음악적 성격 묘사와 극적 진행에 기여하는 형식을 통해 그 차이점을 드러낸다. 당시 18세기에 통용되던 일반적인 묘사 기준과 형식적 기준을 극복해 냄으로써 〈티토 왕의 자비(La clemenza di Tito)〉는 가장 완성도 높은 오페라 세리아가 된다. 그리고 속세를 떠난 이야기임에도 불구하고 인간성에 대한 생각이 완전히 녹아 있는 〈마술피리〉(1791년)는 마침내 모차르트의 오페라 창작의 통합체이자 정점을 상징한다.

이도메네오

오페라 세리아, 1781년

66쪽 참조 〈이도메네오〉는 1780년 9~10월에 작곡되었다. 바이에른의 카를 테오도르(Karl Theodor) 공작으로부터 의뢰받은 작품으로, 1781년 1월 29일 뮌헨에서 초연된다. 이야기는 트로이 전쟁이 끝난 뒤의 크레타(Kreta)에서 시작한다. 크레타의 왕 이도메네오는 트로이 원정에서 돌아오지만 그의 함대가 크레타 해안에 닿기 전에 강력한 폭풍이 몰아닥친다. 바다의 신 포세이돈을 달래기 위해 이도메네오는 자신이 상륙해서 처음으로 만나는 사람을 제물로 바치겠다고 약속한다. 그러나 그것은 바로 이도

메네오의 아들 이다만테(Idamante)였다. 절망에 빠진 왕
은 자신의 심복인 아르바체(Arbace)와 의논하는데, 그는
왕에게 이다만테를 포세이돈의 눈을 피해 아르고스
(Argos)로 보내라고 이야기한다. 그렇지만 이다만테가
아가멤논(Agamemnon)의 딸 엘렉트라(Elektra) 공주와 함
께 바다로 나아갔을 때, 경고하듯 괴물이 파도 속에서
나타난다. 두려움에 사로잡힌 이도메네오는 이제 포세
이돈에게 자신을 제물로 받아 달라고 부탁하지만 소용
이 없다. 그러는 사이 그 괴물은 크레타의 주민들을 습
격하고, 크레타를 황폐화시킨다. 그러자 이다만테는 길
을 떠나 그 괴물을 쫓아가 처치하고는, 자신이 희생의
제물이 되겠다고 나선다. 이러한 상황에서 이다만테의
연인 일리아(Ilia)가 등장하여 그를 대신해서 자신이 죽
겠노라고 선언한다. 인간들의 사랑과 희생에 마음이 돌
아선 바다의 신은 포기하고, 이다만테와 일리아가 앞으
로 크레타를 다스리게 될 것이라고 공표한다.

'이도메네오'라는 소재는 구약성경에 나오며(암몬족(die **사랑과 희생**
Ammoniter)을 상대로 한 예프타(Jephtha)의 출병에 관한 이야
기에서) 18세기에 들어 수많은 오페라 대본의 토대가 되
었다. 신들의 마음을 풀어 주는 제물인 '사랑'과 '희생'
이 그 중심 주제였다. 지안바티스타 바레스코의 대본을
사용한 모차르트의 〈이도메네오〉는 1712년 파리에서 초

연된 앙투안 당세(Antoine Danchet)(가사)와 앙드레 캉프라(André Campra)(음악)의 프랑스 비가극 〈이도메네(Idomené)〉를 기본으로 삼고 있다. 이 작품은 후기 작품인 〈티토 왕의 자비〉(1791년)와 더불어 모차르트의 가장 중요한 오페라 세리아로 손꼽힌다. 이 작품에는 이탈리아 오페라의 특징들, 다시 말해서 화려한 노래와 흥분을 불러일으키는 내용들이 프랑스의 비가극이 갖고 있는 특징들(극적 성격과 강력한 합창의 참여)과 결합되어 있다. 이것은 풍부하면서도 밀도 높은 표현으로 이어졌다. 예를 들어 희생될 준비가 된 일리아의 역할에 등장하던 융통성 없고 고정된 등장인물들의 묘사는 이제 철저한 음악적 인물 묘사로 대체된다. 〈이도메네오〉는 이미 여러 부분에서 비교되는 아리아의 유형뿐만 아니라 극적인 절정을 분명하게 드러내는 대규모의 합창 장면들을 사용하고 있다. 이미 교향곡적인 발전을 드러내는 오케스트라 역시 겉으로 드러나는 진행뿐만 아니라 내면적인 진행에도 기여하고 있다.

후궁으로부터의 유괴

징슈필, 1782년

모차르트는 〈후궁〉의 작업을 빈으로 영구 이주하고 난

지 얼마 안 된 1781년 여름에 시작했다. 비록 다루고 있 **77쪽 참조**
는 소재 때문에 이 오페라가 반드시 독일을 대표하는 것
은 아니지만, 독일어 가사와 더불어 전형적일 정도로 독
일의 징슈필이라고 하는 장르와 맞아 떨어졌기 때문에
독일의 국민극을 만들어 내려고 했던 요제프 2세 황제
의 의도와 부합한다. 줄거리는 오스만 제국의 바사 셀림
(Bassa Selim)의 궁전에서 시작된다. 여기에 세 명의 낯
선 사람들, 콘스탄체와 그녀의 하녀인 블론데(Blonde) 그
리고 하녀의 친구인 페드릴로(Pedrillo)가 포로로 잡혀 있
다. 콘스탄체에게 호감을 가졌던 바사는 그녀가 애원할
것을 바라지만, 무위로 끝난다. 한편 콘스탄체의 애인인
스페인 출신의 귀족 벨몬테(Belmonte)는 그들이 잡혀 있
는 곳을 찾아내 탈출시킬 계획을 짠다. 이야기는, 벨몬
테가 바사의 궁전에 도착해서 그의 신뢰를 얻어 곁에 머
물 수 있는 허락을 얻어내면서 시작한다. 탈출계획이 세
워지자 우선 벨몬테는 페드릴로에게 자신의 신분을 드
러낸다. 콘스탄체를 도주시키기 위해서는 간수 오스민
(Osmin)이 술에 취해 잠이 들게끔 해야만 했다. 계획은
거의 성공할 뻔하지만, 마지막 순간에 오스민이 잠에서
깬다. 바사 앞에 끌려간 그들은 모든 것을 자백해야만
했다. 벨몬테가 과거 스페인에서 자신을 파멸시켰던 불
구대천의 원수의 아들임을 바사가 알아 버렸기 때문에,

벨몬테와 콘스탄체는 사형선고를 예상한다. 그러나 바사는 인간적인 위대함을 보여 주며 그들 모두에게 자유를 선사한다.

〈후궁으로부터의 유괴〉는 독일 징슈필에 대한 모차르트의 가장 중요한 기여 작품으로 손꼽힌다. 비록 명랑하고 웃기는 로코코 시대의 특징들을 담고 있지만 이 오페라는 그런 단순함을 넘어서는 작품이다. 여기서는 이상적인 사랑과 믿음 그리고 자신의 포로들을 놓아 주는 바사의 인간적인 변화가 중요시된다. 계몽주의적인 의미가 담겨 있는 피날레를 통해 이미 진지한 오페라의 경향을 보이고 있는 이 징슈필의 위대한 인도주의적인 가치 평가는 성공을 거둔다. 이 작품의 기원은 한참을 거슬러 올라간다. 요한 안드레(Johann André)가 음악을 맡았고 크리스토프 브레츠너(Christoph Bretzner)가 대본을 맡았던 〈벨몬테와 콘스탄체, 또는 후궁으로부터의 유괴〉라는 오페라 소재를 새롭게 개작한 것이 고트리프 스테파니(Gottlieb Stephanie)의 대본이었다. 브레츠너는 다시 런던의 오페레타(Operette) 〈포로들(The Captive)〉(1769년)과 아마도 1170년 독일어로 번역되었던 프랑스의 무용담 〈Flos und Blanc〉을 참고했을 것이다.

모차르트풍의 이 음악은 작품의 내용적인 의미를 철저하게 평가하고, 오케스트라 역시 이야기에 기여하는 역

인간의 변화

올해 〈후궁으로부터의 유괴〉가 나왔다. 이 오페라의 음악은 젊은 모차르트가 만들었다. 이 작품은 관객들의 기대와 모차르트의 취향과 새로운 생각에 대한 기대를 초월했다. 열광적인 청중들이 있었으며, 가장 요란하고 큰 박수를 받았다.

1783년 3월 27일자 《크라머의 음악잡지(Cramers Magazin der Musik)》에 실린 1783년 함부르크에서의 초연 평론

할을 하며 오페라의 소재를 파고들면서 내면적이고 정서적인 진행을 추구해 나간다. 등장인물들은 전형적이지 않고 오히려 하나하나 설득력이 있다. 서정적 테너가 과시적인 역할(Paraderolle)을 하는 벨몬테는 강력한 오케스트라의 음악을 배경으로 그가 부르는 아리아 '얼마나 불안하게, 얼마나 열렬히(O wie ängstlich, o wie feurig)'에서 사랑에 빠진 감상적인 남자를 그리고 있다. 길고 감정이 풍부한 아리아를 부르는 콘스탄체의 인물묘사 역시 당시 빈의 징슈필에 등장하던 그런 도식적이고 전형적인 인물을 상당히 뛰어넘고 있다. 게다가 오스민(반쯤은 악인이고, 반쯤은 바보인)도 중요 인물에 속하게 되며, 깊은 베이스의 목소리로 유머러스하게 묘사된다. 오케스트라는 피콜로와 플루트뿐만 아니라, 그에 어울리는 타악기 구성(트라이앵글, 심벌즈, 큰북)으로 '터키풍의 음악'을 들려 준다.

피가로의 결혼

오페라 부파, 1786년

93쪽 참조 18세기 말엽 세비야(Sevilla) 인근의 한 성에서 알마비바 (Almaviva) 백작의 영리한 시종인 피가로와 백작부인의 매력적인 시녀 수잔나(Susanna)는 결혼을 계획한다. 그렇지만 백작은 난봉꾼으로 수잔나에게 치근덕거리면서 결혼식을 연기시키려고 한다. 피가로와 수잔나의 편에 섰던 것은 바로 백작부인이었다. 그녀는 남편의 연애행각을 더 이상 참을 수가 없었다. 이들 세 사람은 백작을 유혹하기로 약속한다. 먼저 수잔나처럼 옷을 입은 수습 기사 케루비노(Cherubino)가 등장하고, 나중에 남편을 웃음거리로 만들기 위해 백작부인이 나타나기로 했다. 동시에 백작부인도 백작처럼 모험을 즐긴다고 착각하게 만들어 백작 쪽에서 몸이 달게끔 만들기로 했다. 백작은 화가 난 상태로 자기 부인에게 변명하려고 한다. 바로 이런 상황 속에서 그는 자기 부인과 함께 있는, 막 분장을 끝낸 케루비노를 발견한다. 그의 의심은 바로 이 불쌍한 기사에게로 향하고, 그는 곧바로 케루비노를 군인으로 보내 버리고자 한다.

이어서 의사 바르톨로(Bartolo)와 그의 나이 많은 가정부 마르첼리나(Marcellina)가 나타나 마르첼리나와의 결혼을 약속했다고 피가로를 비난한다. 이전에 피가로가 마르첼리나에게 돈을 빌렸는데 그때 그녀는 그가 돈을 갚지 않을 경우 자신과 결혼할 것을 조건으로 내걸었기 때문이다. 백작은 이제 경쟁 상대를 제거할 수 있다는 생각으로 환호한다. 그는 피가로를 고발하지만 재판은 예기치 못한 방향으로 흘러간다. 바르톨로와 마르첼리나는, 조사에서 밝혀진 것처럼, 피가로의 양친이었다!

〈피가로의 결혼〉에서 최초로 수잔나 역을 맡았던 낸시 (앤) 스토라체

케루비노의 도움으로 백작을 범행의 현장에서 잡으려고 했던 시도가 실패로 끝나게 된 이후, 백작부인은 수잔나가 백작을 유혹한 다음 백작부인 자신이 수잔나의 옷을 입은 채 나타나기로 수잔나와 합의한다. 이런 계획을 알지 못했던 피가로는 이런 만남을 우연히 알게 된다. 화가 난 피가로는 백작과 부정(不貞)하다고 생각되는 애인 수잔나를 놀라게 하기 위해 바르톨로와 음악교사 바질리오를 한밤중에 궁전의 정원으로 불러 낸다. 한편 수잔나처럼 차려 입은 백작부인이 그곳에 도착하고 수잔나를 기다리는 백작은 아무것도 알지 못한 채 자신의 아내를 유혹하기 시작한다. 같은 시간 어둠 속에서 숨어 기다리던 피가로는 백작부인의 옷을 입고 이곳으로 오고 있는 수잔나와 마주친다. 그러나 피가로는 수잔나를 바

로 알아보지 못한다. 피가로와 수잔나의 길을 가로막고
선 백작 앞에서 두 사람은 코미디를 연기한다. 피가로는
경종을 울릴 목적으로 큰소리로 백작을 유혹하고 있는
백작부인에게 구애한다. 놀라서 달려온 마르첼리나와
바르톨로, 케루비노와 수습기사를 사랑하는 정원사의
딸 바르바리나 등이 지켜보고 있는 데서 피가로는 이제
비난을 받으며 처벌받게 된다. 그렇지만 바로 이 순간
백작부인이 나타나서 자신의 신분을 밝히고 자기 남편
인 백작의 행동을 낱낱이 드러낸다. 엄청난 충격을 받은
백작은 용서를 구해야만 했다.

1786년 4월 모차르트는 〈피가로의 결혼〉의 작업을 끝내
고, 같은 해 5월 1일 빈의 부르크테아터에서 초연한다.
만약 다른 오스트리아 작곡가였다면, 1786년 요제프 2세

나는 유명한 코미디 〈피가로의 결혼〉이 캐른트너토어테아
터(Kärntnertortheater)를 위해 독일어로 번역될 것이라
는 사실을 들어 알고 있습니다. 이 작품에는 아주 많은 불
쾌한 언동이 들어 있기 때문에, 나는 검열이 이 작품을 완
전히 거부하든지 아니면 상당한 변경을 요구할 것이라는
점뿐만 아니라 검열이 이 작품의 공연과 공연으로 야기될
지 모르는 영향에 대해서도 책임을 물을 것이라는 점도 예
상하고 있습니다.

　　1785년 1월 31일 니더오스트리아 주정부 의장 요한 안톤 페르겐
　　(Johann Anton Pergen) 백작에게 보내는 요제프 2세의 지시,
　　　　　　　　　　　　　뵈트거(Böttger), 2003년, 134쪽에서 인용

의 금지에 따라 피에르 보마르셰의 사회풍자극 〈La folle journée, ou Le mariage de Figaro〉를 무대에 올리려는 생각을 하지 않았을 것이다. 다시 말해 이 작품을 빈의 궁정 오페라로 작곡할 생각을 하지 않았을 것이다! "물의를 빚은 그 원작(原作)"은 1784년 파리에서 루드비히 16세의 반대를 무릅쓰고 초연되었으며, 소요와 폭동으로 이어졌다.

그렇지만 다 폰테가 대본을 맡아 2년 만에 완성한 〈피가로〉는 그저 단순한 번역이 아니었다. 보마르셰의 원작을 개작하는 작업은 새로운 오페라 대본을 탄생시켰으며, 모차르트 역시 이러한 새로운 모습에 맞춰 집중적으로 작업하게 되었다. 문제를 일으킬 만한 것들은 (보마르셰의 작품 말고도) 예를 들어 주세페 사르티(Giuseppe Sarti)와 카를로 골도니(Carlo Goldoni)의 〈두 사람이 싸우면 제3자가 기뻐한다네(Wenn zwei sich streiten, freut sich der Dritte)〉 등과 같이 1783~1784년 빈에서 초연되었던 여러 오페라에도 등장했었다. 사르티와 골도니의 작품은 자신의 하녀를 애인으로 만들려고 하는 한 백작의 이야기이다. 모차르트의 〈피가로〉 역시 사회비판적이며, 전제정치와 인간 경시 그리고 백작이 (물론 거짓으로) 없애겠다고 말하는 '군주의 권리'를 겨냥하고 있다. 그렇지만 신랄하게 조롱하는, 특히 정치적인 관계를 고발하는

사회비판

보마르셰의 풍자와는 대조적으로 모차르트의 이 오페라
는, 절제된 것처럼 보이지만 오히려 더 인간적이며 심리
적인 것을, 즉 에로틱한 것을 겨냥하고 있다. 융통성 없
는 전형적인 등장인물들 대신에 인물들의 차별화된 특
성화와 인간적인 감정과 욕구의 음악적인 가시화(可視化)
가 등장한다. 불온하며 '위험하게' 작용하는 음악이 사
회비판을 분명하게 예고하는 것은 당연하다. 그러나 이
제 여기서는 '인간적인' 측면이, 예를 들어 마음이 정화
된 백작이 용서를 구하는 4막에서의 중창 "여보, 미안하
오(Contessa, perdono)"나 완벽하며 시련으로 증명된 백
작 부인의 등장, 또는 항시 사랑받는 청년 케루비노의
아리아가 더욱 중요하고 인상적이다. 〈이도메네오〉에서
처럼 〈피가로〉에서도 역시 음악은 바로 극적인 전개를
촉진시킨다. 아리아들은 감정의 묘사뿐만 아니라 이야
기의 진행에도 기여한다. 연관적인 장면들은 2막과 4막
의 피날레에서와 같은 대규모의 상승을 강조한다. 또한
오케스트라 파트 역시 독자적인 음악적 전개를 통해, 그
리고 교향곡적이며 모티프와 테마에 관련된 작업과 화
려한 사운드의 기악 편성을 통해 그 특징을 드러내고
있다.

돈 조반니

오페라 부파, 1787년

모차르트가 무대감독이었던 본디니와 새로운 오페라 계약을 하기 위해 프라하로 떠난 다음인 1787년 3월과 4월 〈돈 조반니〉의 거의 대부분이 완성되었으며, 1787년 10월 29일 프라하에서 초연되었다. 〈피가로〉와 마찬가지로 〈돈 조반니〉역시 무대는 세비야(Sevilla) 인근이었으며 시대 또한 17세기였다. 뻔뻔스런 젊은 귀족인 돈 조반니는 계속해서 새로운 여인을 정복하는 단 한 가지 목표만을 갖고 있었다. 돈 조반니가 기사장의 딸 돈나 안나를 겁탈하려 한 뒤 기사장의 저택에서 도망치면서 이야기는 시작된다. 기사장이 그의 앞을 막아서자, 돈 조반니는 그를 살해한다. 그런 다음 그는 아무렇지도 않게 자신의 하인 레포렐로와 함께 새로이 한 여인의 뒤를 쫓는다. 그러나 자신을 '돈나 엘비라'라고 밝힌 그 여인은 바로 이 호색가의 과거 애인이었다. 그래서 그는 다시 도망쳐야만 했다. 다음 장면에서 이 두 사람은 한 농민의 결혼식 행렬을 따라가면서, 신부인 체를리나(Zerlina)와 이야기를 나누게 된다. 신랑 마제토(Masetto)가 추적을 받게 되자 돈 조반니는 혼란에 빠진 체를리나를 더욱 혼란스럽게 만들기 시작한다. 그런데 우연히도 돈나 엘비라와 돈나 안나 그리고 그녀의 애인이 근처에

101쪽, 221쪽, 230쪽 참조

있게 된다. 신부는 경고의 말을 듣게 되고, 궁지에 몰린 돈 조반니는 자신의 신분을 드러낸다. 그래서 돈나 안나는 그를 자기 부친을 살해한 사람으로 지목할 수 있게 된다. 그렇지만 이런 것에 별 영향을 받지 않은 채 그는 신혼부부를 자신의 성으로 데리고 가서, 파티가 진행되는 동안 체를리나를 유혹해 보지만 이번에도 실패로 끝난다. 결국 돈 조반니는 돈나 엘비라의 시녀를 목표로 삼는다. 그러나 이제 마제토가 다가온다. 그와 동행했던 몇몇 농사꾼의 도움으로 방탕했던 돈 조반니는 사로잡혀 죽음을 맞게 된다. 그런데 또다시, 이번에는 자신의 하인인 레포렐로의 옷으로 바꿔 입고 도망치는 데 성공한다.

늦은 저녁 돈 조반니와 레포렐로는 공동묘지에서 만난다. 이곳에서 그들은 열정적으로 자신들의 모험에 대해 떠들어 댄다. 그때 갑자기 그들의 근처에 있던 한 석상이 말하기 시작한다. 석상은 살해된 기사장을 의미하는 말을 한다. "죽은 자에게 평안을 베푸시오!" 레포렐로는 몸을 떨지만, 돈 조반니는 동요하지 않고 오히려 석상을 조롱하며 만찬에 초대한다.

자정 전의 익숙한 시간이 되자 돈 조반니는 식탁에 앉는다. 잠시 후 문 두드리는 소리가 난다. 밖에는 기사장의 석상이 서 있었다. 돈 조반니는 기사장에게 자리를 내어

주고, 그와 이런저런 이야기를 나누다가 답방해 달라는
초대를 받아들인다. 기사장은 악수를 함으로써 이 약속
을 확인한다. 돌처럼 차가운 악수는 방탕한 돈 조반니의
종말과 그의 공포스러운 지옥행을 확실하게 한다.

'영원한 유혹자' 라는 모티프는 문학에서뿐만 아니라 무
대예술에서도 널리 보급되어 있었다. 그렇지만 사회비
판적인 〈피가로〉와 비교할 때, 〈돈 조반니〉에서는 방만 **방만한 열정**
(放漫)한 열정이라는 모티프가 그 중심에 있다. 돈 조반
니는 귀족 출신인 돈나 안나에서부터 농가의 처녀인 체
를리나에 이르는 모든 신분의 여성들에 대한 성적 욕망
을 갖고 있었으며 모든 수단을 써서 그 욕망을 채웠다.
자신의 야만적인 욕망 속에서 그는 남성적이며 뻔뻔스
러운 성적 욕망을 구체적으로 드러냈다. 그는 중세 시대
의 기독교적 세계 질서에 맞서는 반역자로서 자신의 처
벌, 즉 죽음과 맞선다. '돈 조반니' 라는 소재의 원천은
한참을 거슬러 올라간다. 16세기와 17세기의 역사적 인
물들이 시초였다. 그들 중에는 세비야 출신의 호색한 돈
후안 테노리오(Don Juan Tenorio)도 있었다. 이런 주제를
담고 있는 최초의 무대 작품은 스페인 출신의 티르소 데
몰리나(Tirso de Molina)의 〈El Burlador de Sevilla
Convidado de Piedra〉로 1613년 초연되었다. 이어서
곧 두 가지 판으로 나뉘게 된다. 스페인풍의 도덕적이며

명랑한 경향은 예를 들어 모리에르(Moliere)와 골도니
(Goldoni)에 의해 대표된다. 그렇지만 18세기 후반에 들
어서야 비로소 이 소재는 오페라 소재로 자주 쓰이게 된
다. 주제페 가차니가의 대본을 사용한 빈첸초 리기니
(Vincenzo Righini)의 오페라를 예로 들 수 있으며, 다 폰
테는 이 대본을 몇 년 뒤에 개작하게 된다.

모차르트의 〈돈 조반니〉는 장르 면으로만 볼 때는 규정
하기가 어렵다. 이 작품은 비록 진지한 오페라의 경향을
띠고 있지만, 그러면서 동시에 명랑한 오페라의 장르에
도 접근해 있다. 〈돈 조반니〉에는 비극적인 것과 희극적
인 것, 무시무시한 것과 우스꽝스러운 것이 함께 뒤섞여
있는 것이 특징이다. 이러한 대조적인 성격은 음악을 통
해서도 드러나게 된다. 화려하면서도 암울한 서곡과 이
어지는 살인 장면, 그리고 작품을 활보하고 있는 마력적
인 D단조 음조는 이 작품이 균형감을 잃지 않고 있다는
점을 일깨워 준다. 물론 장면들도 의미심장하다. 예를
들어 1막에 등장하는 레포렐로의 아무렇지도 않아 보이
는 유머러스한 '하인의 불평'은 기사장의 갑작스런 살
인에 이어 등장하며, 공동묘지에서 돈 조반니와 레포렐
로 사이의 자신만만한 대화는 석상의 목소리로 인해 중
단된다. 더불어 인물들의 대조적인 성향이 등장한다. 말
수가 많은 레포렐로와 음탕한 체를리나는 순수하고 전

> 간헐적으로 그에게서 나타나는 어리석은 행동은 거의 초월
> 적인 위대함을 지닌다. 사람들은 '돈 조반니'라는 인물에
> 대해, 일반적으로 모차르트가 '오페라 부파'라고 명시했던
> 이러한 오페라에 대해 생각한다. '부파'스러운 것이 여기
> 서는 비극적인 줄거리 속에 들어 있다. …… 그렇지만 사람
> 들이 이런 돈 조반니의 화려하면서도 조롱적이며, 교만하
> 면서도 감각적이며 광란적인 이기심을 …… 다소 가까이서
> 바라본다면, 모차르트가 자신 속에서 스스로 발견하고 싶
> 지 않았던 그런 속성을 갖고 있지 않음을 알게 된다. 바꿔
> 말해 모차르트라는 천재는 우주의 모든 선과 악의 힘의 근
> 원이 자기 영혼의 그러한 깊은 속에서 활동한다고 느낀다.
>
> 로맹 롤랑(Romain Rolland), 《Musiker von einst》, 316쪽

형적인 인물이지만, 이와는 반대로 돈나 안나와 돈나 엘
비라는 진지하며 매우 영웅적인 경향을 보이는 사람으
로 묘사되고 있다.

코지 판 투테

오페라 부파, 1790년

〈코지 판 투테(Così fan tutte)〉는 요제프 2세를 위한 계약 109쪽 참조
작품으로 1790년 1월 26일 빈의 부르크테아터에서 초연
되었다. 사랑에 대한 검증을 다루고 있는 이 오페라는
18세기 중반 나폴리에서 연주되었다. 세상을 냉소적으
로 바라보는 돈 알폰조는 약혼한 두 명의 젊은 장교 페

르란도(Ferrando)와 굴리엘모(Guglielmo)에게 여자들은 부정(不貞)하다며 내기를 건다. 이것을 증명하기 위해서 연장자인 돈 알폰조는 (젊은 친구들의 동의를 얻어) 가혹한 코미디 하나를 연출한다. 이 코미디는 장교들이 전쟁에 출정하는 것으로 가장해 그들의 신부인 피오르딜리지(Fiordiligi)와 도라벨라(Dorabella)로부터 배웅을 받는 장면으로 시작한다. 그렇지만 현실은 사실과 달랐다. 페르란도와 굴리엘모는, 알폰조가 여인들에게 이미 소개해 두었던 지체 높은 알바니아 사람처럼 옷을 입는다. 오래되지 않아 피오르딜리지와 도라벨라 이 두 여인은 자신들의 사랑에 대한 이야기를 시작한다. 이국적인 신사들은 처음에는 성공을 거두지 못하지만, 그녀들을 더욱더 밀어붙이고 고통 때문에 자살하고 싶다는 구실까지 대자 도라벨라는 이에 끌리게 된다. 피오르딜리지 역시 정부(情夫)가 다시 한번 "심장에 단검을 꽂아 자살하겠다"는 말을 하자, 그의 품에 안기게 된다. 부정한 신부들과의 결혼식이 준비된 것이다. 이때 연속적으로 큰 북소리가 들린다. 장교들의 귀환이 통보되었다. '알바니아 사람들'은 바로 몸을 숨기고, 이윽고 '고향으로 돌아온' 페르란도와 굴리엘모가 다시금 약혼자들 앞에 선다. 그렇지만 (서로 위선적이었던) 재회의 기쁨은 오래가지 않았다. 단지 서명만이 빠져 있던 그 두 쌍의 결혼계약서가 등장하자마자, 피오르딜리지와 도라벨라는 깊은 수치심을 느끼고 자신들의 부정에 대해 고백해야만 했다. 그러나 내기에 이긴 돈 알폰조는 이 두 쌍을 다시 화해하게끔 하는 데 성공한다.

다시 한번 더 '오페라 부파'를 작곡하고자 했던 모차르트의 소원은 〈코지 판 투테〉로 인해 이루어진다. '신의의 증명(Treueprobe)'이라고 하는 모티프는 친숙한 것이다. 대본을 맡았던 다 폰테는 아마도 케팔로스와 프로크리스의 이야기를 다룬 오비드(Ovid)의 〈Metamorphosen〉 또는 루도비코 아리오스토의 서사시 〈Orlando furioso〉(1516)에서 방향을 잡았을 것이다. 그렇지만 모차르트 역시 파스콸레 안포시(Pasquale Anfossi)의 오페라 〈Il curioso indiscreto〉에 등장하는 이런 주제 전반에 대해 알고 있었다. 모차르트의 〈코지 판 투테〉는 종종 오해를 받았으며 또한 비난도 받았다. 이 작품은 따분하며 여인의 부정, 즉 모든 도덕의 붕괴를 보여 주는 염세주의적인 교훈극도 아닐뿐더러 반대의 것, '감정의 미로'에 등장하는 음모를 좋아하고 호감이 가게 표현된 실수 코미디(Verwechslungskomödie)를 보여 주는 것도 아니다. 중요한 것은 '인간적인 나약함이라는 비극', 즉 열정의 비극이 어떻게 가시화되는가이다. 다시 말해서 도덕적이 되라는 것도 아니고 그렇다고 해서 조롱적으

신의(信義)의 증명

로 풍자하라는 것도 아니다. 오히려 최대한으로 웃음을 자아냄과 동시에 동정심을 유발하고, 인간의 영혼에 대한 가장 심오한 인식 속에서 가시화된다. 그리고 용서를 구한다.

> 모차르트의 인간적인 반어(反語)는 〈코지 판 투테〉에서 드러난다. 유희에서 얻는 순진한 기쁨을, 너무나도 인간적인 것의 계시를, 눈물 속의 웃음을, 진지한 것을 명랑하게 받아들이는 것을, 또한 재미 때문에 위험을 오해하지 않게끔 가르쳐 준다. 따라서 모차르트는 〈코지 판 투테〉에서 진실이 오로지 유희 자체를 통해서만 생성되는 그런 음악극(Musiktheater)의 흔치 않은 모델을 창조한 것이다. 이 작품, 즉 이 악극 외에서는 어떠한 현실적인 것들을 들이밀어도 만들어지지 않을 것이다.
>
> 괴츠 프리드리히(Götz Friedrich), 〈코지 판 투테〉의
> 1975년 함부르크 슈타츠오퍼(Staatsoper) 공연 연출가,
> 오페라의 프로그램에서 인용

〈코지 판 투테〉에서 관객들은 표현의 변화에, 우스꽝스러운 것과 진지한 것 사이의 위트와 심원한 것 사이의 끊임없는 장면의 추이(推移)에 발맞출 수 있는 법을 배운다. 동시에 이 오페라는 멜로디에 있어서도 걸작이다. 그 어떤 무대 작품에서도 모차르트는 이처럼 달콤한 보컬 멜로디를, 수많은 기악적인 아름다운 소리를 선보인 적이 없었다. 이러한 멜로디의 '마법'은 종종 무대 배우들을 단순히 음악적인 것을 따라가는 '인물들'에 불과하게끔 만들며, 그것은 거의 감정의 변화가 없이 다시금

부포(Buffo) 타입의 사람들이 가장 진지한 감정을 드러낼 수 있는 능력을 지닌 인간으로 변해 가는 장면들을 만나게 한다. 페르란도의 사랑의 노래 '그대의 훈풍은 부드럽게 나를 위로하고(Un' aura amorosa)'나 신의와 유혹 사이에서 헤매고 있는 피오르딜리지의 아리아는 이에 대한 두 가지 예에 불과하다.

티토 왕의 자비

오페라 세리아, 1791년

오페라 〈티토 왕의 자비〉는 1791년 여름에 나왔으며, 9월 6일 프라하에서 초연되었다. 이야기의 무대는 서기 79년의 고대 로마이다. 로마 황제 티토는 유대 왕의 딸인 베레니체와 결혼하기로 맘을 먹는다. 이젠 자리에서 물러난 과거의 황제 비텔리우스(Vitellius)의 딸로 티토를 사랑하고 있던 비텔리아(Vitellia)는 이에 화를 내며 자신이 제국을 통치하겠다고 주장한다. 복수심에 가득 찬 비텔리아는 티토의 친구이자 자신의 애인인 세스토를 티토의 살해 계획에 끌어들이는 데 성공한다. 한편 티토의 결혼 계획이 변경될 수도 있다는 소식을 듣자 비텔리아는 희망을 갖게 된다. 그러나 얼마 지나지 않아 그녀는 티토가 자신을 두 번째로 무시했다는 것과 바로 세스토

117쪽 이하 참조

의 누이인 세르빌리아가 왕비가 될 것이라는 사실을 알
게 된다. 깊은 상처를 받은 비텔리아는 다시 한번 세스
토에게 티토를 죽일 것을 요구한다.

곧이어 황제에 대한 살해설이 터져 나오고, 그것은 반란
으로 이어진다. 이미 세스토의 군대는 출동했다. 이때
티토가 비텔리아와 결혼할 것이라는 통보가 그녀에게
전달된다! 그렇지만 그 통지는 너무 늦게 도착했다. 로
마는 불타고 있었으며, 스스로의 배신에 자포자기한 세
스토는 자살하려고 한다.

한편 로마 정부는 반란이 진압되었으며 황제가 건재하
다는 사실을 알린다. 동료 반군에 의해 밀고된 세스토는
연행되고, 세스토의 행동을 이해할 수 없었던 티토는 과
거의 친구에게 왜 배반을 했는지 설명할 기회를 주려고
한다. 그러나 비텔리아에게 부담을 주고 싶지 않았던 세
스토는 침묵한다. 당연히 사형선고를 내려야만 하는 티
토는 올바른 결정을 내리기 위해 노력한다. 장시간에 걸
친 숙고 끝에 결국 자비가 승리한다. 세스토와 그의 공
모자들은 원형극장 앞 광장으로 불려 나온다. 티토는 사
면을 선포하고, 이때 비텔리아가 다가와서 황제에게 무
릎을 꿇고 자신의 죄를 고백한다. 선을 통해 백성의 신
뢰를 얻고자 했던 티토 왕의 자비는 각계각층으로부터
환호를 받게 된다.

오페라 세리아인 〈티토 왕의 자비〉의 중심에는 지배자
의 인간성이라고 하는, 더 정확히 말하면 복수가 필요할
때 용서하는 "선의 승리"라는 모티프가 있다. 이러한 주
제는 계몽주의 시대에 들어와 고도의 현실성을 갖게 되
었으며, 특히 보헤미아의 혈통으로 인해 보헤미아의 왕
이 되는 레오폴트 2세의 즉위를 위해 주문받았던 대관
식 오페라에는 아주 잘 들어맞는다. 물론 교훈적인 '자
비'라는 말은 황제 부부의 비판을 받았다. 그럼에도 불
구하고 이 오페라가 지배자의 이상(理想)을 이성과는 거
리가 먼 비현실적인 선(善)으로 통치하고자 하는 (권력자
에게 있어서 받아들이면 안 되는 위험한 환상) '도덕적인 인물
인 체하는 사람'과 비슷한 수준으로 가져오려 했다는 것
은 놀랄 일이 아니다. 예를 들어 로마의 작가 수에톤
(Sueton)의 〈카이사르의 생애(Leben der Caesaren)〉에서
볼 수 있듯이 이미 고대에 '자비'라고 하는 모티프가 등
장한다. 이러한 모티프는 이후 피에르 코르네유(Pierre
Corneille)의 비극 〈티트와 베레니체(Tite et Bérénice)〉와
장 라신(Jean Racine)의 〈베레니체(Bérénice)〉(두 작품 모두
1670년)로 이어진다. 모차르트의 〈티토 왕의 자비〉에 기
본이 되는 피에트로 메타스타시오(Pietro Metastasio)의
대본은 오페라 세리아의 초창기인 1734년에 나왔으며,
안토니오 칼다라(Antonio Caldara), 하세(Hasse), 글루크

지배자의 인간성

(Gluck), 바겐자일(Wagenseil), 홀츠바우어(Holzbauer) 등
과 같은 작곡가들에 의해 곡이 붙여졌다.

모차르트의 〈티토〉는 오페라 세리아라는 장르가 형식적
으로 이미 정착되었지만 아직도 궁정에서의 공연으로만
사용되던 때에 등장했다. 반응이 놀라우면 놀라울수록,
모차르트는 이러한 상황에도 불구하고 그와 같은 영감
을 받은 걸작을 만들어 낼 수 있었다. 이 오페라의 생명
력은 그 음악이 갖고 있는 단순성과 품격이었다. 이 음
악은 고전적 완성미의 이상을 완벽하게 구현해 냈다. 그
럼에도 불구하고 대관식이라는 행사에 알맞은 곡이 되
기 위해선 축제의 서곡과 화려한 행진 그리고 충성의 합
창이 필요했다. 그런데 이 작품엔 그것 대신에 깊은 소
리를 내는 심리적인 묘사가 등장한다. 자비를 생각하는
관대한 티토의 악보는 묵상과 정신적 심화를 드러낸다.
한편 열정과 책임으로 서로 연결되어 있는 비텔리아와
세스토는 극적인 성격을 제공하는 중요한 인물들이다.
두 사람은 길고 짙은 감정의 아리아로 등장한다. 또한
이들은 자신의 내면적 모순을 뒤에 나오는 정화의 방법
으로 보여 준다.

마술피리

징슈필, 1791년

주요한 부분들이 1791년 작곡되었으며 그가 죽기 몇 주 **116쪽 이하 참조**
전인 9월 30일 에마누엘 시카네더의 프라이하우스테아
터에서 초연되었던 모차르트의 〈마술피리〉는 동화의 나
라로 들어간다. 사냥을 하던 타미노(Tamino) 왕자는 뱀
에 쫓기다가 끝내는 지쳐 바닥에 쓰러진다. 의식불명 상
태에서 깨어난 그는 야생의 소년, 새를 잡는 파파게노
(Papageno)가 눈앞에 있는 것을 발견한다. 그리고 곧 이
어 밤의 여왕의 세 시녀들이 그에게 그림 한 장을 보여
준다. 그것은 여왕의 딸인 파미나(Pamina)의 모습이었
다. 그 모습을 사랑하게 된 타미노는 파미나가 폭군 자
라스트로(Sarastro)에 의해 납치되었다는 사실을 알게 된
다. 곧이어 여왕이 모습을 드러내고 타미노에게 자신의
딸 파미나를 구해 오면 딸과 혼인시켜 주겠다는 약속을
한다.

타미노와 보호자 역할을 하게 될 파파게노는 길을 떠나
게 되고, 마침내 자라스트로의 성을 찾아낸다. 타미노는
지혜와 이성과 자연이라는 세 개의 사원까지 나아가게
되고, 자라스트로는 악인이 아니라 반대로 진실을 알리
는 사람이자 빛의 수호자라는 사실을 알게 된다. 파파게
노도 가만히 있었던 것은 아니다. 이미 파파게노는 파미

나가 어디에 있는지 알아 냈고, 그녀에게 탈출 계획에 대해 이야기해 주었다. 그렇지만 감시인 모노스타토스 (Monostatos)가 탈출 기도를 좌절시키는 바람에 계획은 실패로 돌아간다. 이제 환호성이 나면서 자라스트로가 도착한다. 파미나는 이 지혜의 제왕에게 도망치려 한 것을 용서해 달라고 부탁한다. 비록 자라스트로는 그녀를 용서하지만 파미나에게 최선이라는 이유를 들어 그녀를 풀어 주는 것에는 반대한다. 이때 개최된 성직자 모임에서 자라스트로는 타미노가 신성(神聖)이 되는 시험을 치러야만 하며, 그리고 신성이 되어야만 파미나와의 결혼을 허락할 것이라고 발표한다. 타미노는 시험 치를 준비를 하고 파파게노 역시 시험 치를 것을 요구받는다. 하지만 그의 관심은 약속되어 있는 보상인 '젊은 소녀' 뿐이었다. 첫 번째 시험은 침묵하는 것이었다. 타미노는 말을 꾹 참고 있었지만, 파파게노는 말을 하기 시작했다. 이러한 상황에서 밤의 여왕의 시녀들이 나타나 타미노에게 그가 계속해서 신성이 되기 위해 노력한다면 죽을 것이라고 말한다. 동시에 악의 권력으로 드러난 여왕은 딸 파미나에게 자라스트로를 죽이라고 하지만 그녀는 거절한다.

파파게노 모습의
시카네더. 1791년

두 번째 시험 또한 침묵을 요구한다. 파파게노는 '젊은 소녀'가 자신을 기다리고 있다는 것을 기억하고 나서야 지루함을 덜 수 있었다. 타미노는 호신용으로 가져왔던 마술피리를 연주한다. 피리 소리에 이끌려 파미나가 나타나지만, 그의 침묵은 그녀를 절망하게 만들고, 그녀는 다시 사라진다. 마침내 타미노와 파미나는 세 번째 시험을 통과해야만 했다. 두 사람은, 요구받은 대로 '마지막 인사'를 해야만 했다. 파미나는 사랑하는 사람을 붙잡으려고 하지만, 그럴 수 없다. 한편 파파게노는 자신이 더 이상 선택된 자에 속하지 않는다는 것을 기뻐한다. 이제 타미노는 불을 견디는 시험과 물의 재판을 통해 영혼의 정화로 가는 마지막 시험으로 향한다. 자포자기한 파미나는 그를 구하고 싶어하지만, 시험 보러 가는 길에 동행하자는 타미노의 제안을 받고 동의한다. 정화된 채로, 아주 지혜롭게 그들은 이시스 신전을 향해 걸어간다. 파파게노는 드디어 파파게나를 얻는다. 여왕은 마지막으로 한번 더 자라스트로의 왕국에 침투를 시도하지만, 지혜로운 자라스트로는 그녀를 '영원의 밤' 속으로 추방한다. 타미노와 파미나는 신성의 범주로 받아들여진다.

모차르트의 마지막 무대작품인 〈마술피리〉는 징슈필과 민중극 사이에서, 마술 오페라와 동화 사이에서, 신비극과 종교극 사이에서 다의적 태도를 취하고 있다. 이 작

서로 다른 모티프

품은 실제로 세속적인 것들을 종교적으로 숭고하며 환상적인 요소들과 결합시키고 있다. 단 하나의 모티프가 아니라 서로 아주 다른 원천에서 나온 여러 가지 모티프들이 기저에 깔려 있다는 점도 두드러진다. 이런 것에 딱 맞아 떨어지는 타미노와 파미나는 프리메이슨의 사상과 같은 보다 높은 단계의 존재로 승화한다. 반면에 인간을 지배하는 선과 악의 권력을 상징하는 자라스트로와 여왕뿐만 아니라 파파게노와 '악인' 모노스타토스 같은 인물들은 도덕적으로 계도하는 차원의 과장적인 것을 담고 있다. 〈마술피리〉의 내용은 특히 크리스토프 마르틴 빌란트(Christoph Martin Wieland)의 동화집 《Dschinnistan oder auserlesene Feen-und Geister-Mährchen》(1786~1789)에 나오는 〈룰루 또는 마술피리(Lulu oder die Zauberflöte)〉라는 동화로 거슬러 올라간다. 이와는 반대로 장 테라송(Jean Terrasson)의 《세토스(Sethos)》(1731, 독일어판 1777, 1778)에서는 태양신전의 사제에 관한 윤리적 모티프가 등장한다. 이것은 1790년 카를 프리드리히 헨슬러(Karl Friedrich Hensler)의 오페라 〈Das Sonnenfest der Brahminen〉에 영향을 준다. 영향을 준 그 밖의 작품으로는 토비아스 폰 게블러(Tobias Ph. von Gebler)의 드라마 〈Thamos, König von Ägypten〉(1774)과 파울 브라니츠키(Paul Wranitzky)

와 카를 기세케(Karl L. Giesecke)의 징슈필 〈Oberon, König der Elfen〉(1789)이 있다.

〈마술피리〉는 가곡처럼 소박하면서도 고상하며 숭고한 선율로 이루어져 있다. 중창은 줄거리의 진행을 설명해 주며 아리아들은 성격 묘사, 즉 등장인물들의 감정 노출에 사용된다. 단순하며 시적으로 만들어진 노래, 즉 감정이 풍부한 아리아들과 부파의 성격을 갖고 있는 중창들이 대조적으로 번갈아 등장하는 것이 특징적이다. 또한 등장인물들에게 그들에 적합

> 그래서 나는 모차르트의 이 마지막 불멸의 오페라 속에서 그에게 가까이 갈 수 있다고 생각한다. 이 오페라 속에서 그의 첫 번째 개인적인 고백을, 물론 실제로 유일한 고백을, 즉 우리가 당연히 그의 가슴 깊은 곳까지를 볼 수 있는 그런 고백을 들을 수 있다고 생각한다.
> 1950년대에 자주 모차르트를 지휘했던 브루노 발터, 마술피리에 관해서, 발터, 1957, 123쪽

한 음악적 형식이 주어진다는 점도 눈에 띈다. 예를 들면 밤의 여왕에게는 오페라의 아리아 형식이, 타미노에게는 징슈필의 아리아가, 파파게노에게는 소박한 가곡이 주어진다. 그렇지만 그 밖에도 이런 경계들이 예술적으로 제거되기도 한다. 파파게노와 파미나의 2중창 '사랑을 느끼는 남자들은(Bei Männern, welche Liebe fühlen)'에서는 진지한 것과 코믹한 것 사이의 경계가 사라진다. 〈마술피리〉는 기악 편성에 있어서도 프리메이슨들이 그들의 작품에, 예를 들어 기념식 음악에 사용하는 그런 특별한, 아주 고유한 음색을 갖고 있다. 장중한 바셋호

른, 트롬본, 댐퍼를 사용한 트럼펫 그리고 '마법의 악
기' 플루트와 벨 차임(Glockenspiel) 등이 등장한다.

교향곡

모차르트 오페라 작품의 발전처럼, 그의 교향곡 작품의
발전 역시 매력적이다. 1763~1773년의 초기 교향곡들
은 아직은 애교스럽고 화려한 영역에 머무르고 있다. 빈
의 작곡가 마티아스 몬과 게오르크 바겐자일 그리고 칸
타빌레의 형식(Kantabilität)과 명랑한 극적 긴장감을 소
유하고 있던 이탈리아 작곡가들의 영향을 받은 것이 이
시기의 특징이다. 뿐만 아니라 요한 크리스티안 바흐(약
동적인 시작 악장과 열광적이며 표현력이 풍부한 중간 악장)와
초기의 하이든도 예외는 아니었다. 이와는 달리 G단조
(1773)와 A장조(1774)의 교향곡에는 이미 질풍노도의 영
향이 드러나 있다. 후기 교향곡의 내용과 형태는 의미심
장하며 고백적인 것으로 변하게 된다. 이때 소나타의 주
제 형식과 모티프적이면서도 테마적인 작업, 즉 서로 아
주 다른 작곡 기법을 이용한 테마의 일관적인 전개(1782
년의 〈하프너 교향곡〉부터)와 대위법 이론(1786년의 〈프라하
교향곡〉부터)과 순환적인 연결 같은 표현 양식상의 수단
들이 중요하게 등장한다. 그리고 마지막 세 곡의 교향

곡, 즉 즐거운 E플랫장조와 어두운 G단조 그리고 승리를 알리는 〈주피터 교향곡〉에 이르러서야 비로소 인간적인 감성이 울려 퍼지는 고전적이며 인간 중심적인 이상적 형식이 완성된다.

D장조 교향곡 KV385

〈하프너 교향곡〉, 1782년

마지막으로 작곡된 여섯 곡의 '고전주의 교향곡' 가운데 첫 번째인 〈하프너 교향곡〉은 새로운 빈의 환경과 자유의 고양뿐만 아니라 요제프 하이든과의 예술적 교류까지도 반영하고 있다. 이 작품은 축제적인 화려함과 위

장엄한 위엄 엄을 갖춘 장엄함으로 인해 잘츠부르크 시절에 나온 교향곡들을 압도한다. 실제로 새로운 것은, 즉 대규모의 교향곡에 대한 생각의 실행은 바로 1악장의 시작에서 등장한다. 특징적이며 예리하게 그려 나가는 음악적 테마가 여기서 처음으로 자리 잡게 된다. 이 테마는 전개부에서 일관적으로 처리된다. 테마는 그 자체로는 모순적이다. '야심적인' 포르테의 시작에 이런 행위를 바로 의심스럽게 만드는 피아노의 '후악절'이 뒤를 잇는다. 그럼에도 불구하고 바로 이러한 이중적 얼굴은 음악의 계속적 전개에 어울리는 소재를 제공한다. 이 악장은 모차

르트가 부친에게 말한 것처럼 "아주 열정적으로 나아가
야만 한다"(BA 3, 219쪽)는 것이다. 이것은 선율적이며 화
음적인 테마의 처리와 모방 그리고 조바꿈 등과 같은 다
양한 음악적 수단을 사용함으로써 이루어진다. 느린 2
악장은 부드러우면서도 열광적이다가 다시 의미심장한
세레나데의 음조가 유지된다. 한 번은 아무렇지도 않은
듯 이야기해 나가고, 또 한 번은 "물음을 던지는" 모티
프가 2악장이 다시 친밀하면서도 일관적인 출발에 이를
때까지 가곡과 같은 테마를 유지한다. 이것이 끝나면 랜
틀러(18세기 말 오스트리아와 독일에서 유행하던 4분의 3박자의
민속무용곡)의 느낌이 드는 간결한 미뉴에트가 즐겁고 자
랑스럽게 등장한다. 피날레는 소용돌이치는 듯한 8분음
표의 진행으로, 모차르트에 따르면 "가능한 한 아주 빠
르게" 연주되어야만 한다. 이때 부파풍의 주요 테마는
오페라 〈후궁으로부터의 유괴〉에 나오는 오스민의 승리
의 아리아를 연상시킨다.

D장조 교향곡 KV504

〈프라하 교향곡〉, 1786년

〈프라하 교향곡〉은 아직 프라하 여행 전인 1786년 12월 **101쪽 참조**
에 작곡되었으며, 엄청난 진폭의 감정적인 체험으로 말

미암아 열정적이며 극적이다. 여기서 모차르트는 인간적인 갈등의 구체화로 가는 발걸음을 내딛는다. 모차르트가 자기 오페라들에 나오는, 예를 들어 〈돈 조반니〉의 음악적 언어를 어떻게 포함시키는지가 특히 눈에 띤다. 이 교향곡은 독주의 성격이 매우 강하며, 그 형식적인 기본 원리는 소나타 형식이다. 오로지 주테마들만이 처리되며, 부주제는 삽입곡으로 남는다. '프라하' 에서 모차르트는 처음으로 다성 음악을 사용하지만, '학문적 성격' 을 위해서가 아니라 극적인 표현에 사용하기 위해서였다. 그 밖에도 힘차게 나아가고 있는 선율과 갑작스런 D장조로의 조바꿈 그리고 급작스럽고 역동적인 대비 등이 음악적인 창작 수단으로 사용되었다.

**〈돈 조바니〉와의
관련성**

이 교향곡은 긴장감이 깔려 있는 사색적인 아다지오의 도입부로 시작한다. 극적일 정도로 밀고 들어오는 주테마는 모차르트의 작품에 있어서 "가장 웅대하며 가장 진지하고 가장 호전적인 전개부"(아인슈타인, 1997년, 249쪽)로 이어진다. 전개부는 주테마를 모티프적으로 테마적으로 대위법의 틀 속에서 처리해 나간다. 이와 달리 가곡적이며 비교적 부드러운 부주제는 자신을 주장할 수 없다. 느린 2악장의 주테마는 연주 속에서 여러 개의 모티프들을 등장시키는데, 그 가운데에는 그리워하면서도 고통스러워하는 모티프와 생동감 넘치는 8분음표의 대립이 등장한다. 2악장은 내면적인 칸타빌레 형식을 치밀한 다성 음악과 결합시키고 있으며, 이때 단조의 화음과 반음계를 통한 어두운 배경음이 등장한다. 이어 등장하는 프레스토의 피날레는 다시 한번 더 극적이며 이젠거의 암울한 특성들을 담아낸다. 중간 부분에는 "도약하고 있는" 8분음표의 모티프가 추진력으로 이용되는 정력적인 주테마가 등장한다. 전개부는 최고의 집중력을 유지하고 있으며, 빠른 주테마는 모든 곳에서 모습을 드러낸다. 한 번은 단조로 소리를 내다가, 다음에는 목관악기 소리를 통해서 또는 대위법적인 작업으로 전개된다. 그렇지만 비교적 세련되게 처리된 갈망하는 듯한 부주제는 한 가지 역할을 하는데, 특히 대조적인 모습을 만드는 데 이용된다. 교향곡은 힘차고 반항적으로 끝난다. 〈프라하 교향곡〉은 아마도 정력적이면서도 암울한 표현을 명랑한 춤곡과 대결시키지 않기 위해 미뉴에트의 테마를 포기한다.

E플랫장조 교향곡 KV543

1788년

E플랫장조의 이 교향곡은 1788년 6월 말과 8월 중순 사이에 작곡되었으며, 모차르트의 고전주의적 '삼화음' 의 106쪽 참조

첫 번째 작품으로, 즐겁고 축제적인 분위기이다. 그렇지만 이전의 많은 초기 교향곡들에서 등장하는 '외형상의' 즐거움과 구별하기 위해, 이 축제의 분위기는 이제 아주 '고상한 것'으로 방향을 바꾼다. 동포애와 인간애의 이상적인 것을 연상시키며 또한 '마술피리의 소리'를 미리 보여 주는 축제 분위기이면서도 고상한, 바로 장엄한 음향이 이것을 전달한다. 그럼에도 불구하고 즐거움은 비교적 상당한 연관성이 있다. 고통과 호전적인 **마술피리와 같은 음향** (이상향으로의) 주선율뿐만 아니라 자의식적 즐거움과 결국 순수하고 분방한 즐거움이 바로 그런 것에 속한다. 고통과 이러한 즐거움에는 고통과 바로 자신감이 가득한 선율뿐만 아니라 호전적인(이상향으로 향한) 선율과 끝에는 순수하고 분방한 즐거움이 자리 잡고 있다. 물론 모차르트는 여기서 필요한 창작 수단을 사용한다. 바로 E플랫장조의 음조로, 예를 들면 의식에 사용되는 음악에서 자주 들을 수 있는 프리메이슨의 특징을 드러내는 작품들에 등장하는 '축제적인 것'을 연상시킨다. 선율은 고상하면서도 단순한 흐름을 통해 그 특징이 드러나며, 화음은 예를 들어 미뉴에트에 나오는 그런 풍부한 음향이 특징이다. 그렇지만 때로 즐거움이 위험을 받게 될 때, 단조의 혼탁스러움과 고통스러운 불협화음과 폭발적인 포르티시모(Fortissimo)가 등장한다. 〈프라하 교향곡〉과 마찬가지로 여기서도 오페라에서 유래한 강력할 정도로 율동적인 '장면들'이 역할을 한다.

하이든의 모범을 따른 이 교향곡은 느리고 위엄 있는 도입부로 시작해서 암울하고 고통스러운 것으로 발전해 나간다. 그렇지만 1악장을 확신에 넘치며 빛나게 하는 주테마가 바로 뒤이어 해결책으로 등장한다. 이후에 주테마는 처음으로 즐겁게 밀고 들어오는 전체 합주의 등장으로 이어진다. 부주제는 나지막한 우수(憂愁)로 채워진다. 1악장의 승리의 소리가 잦아들 때까지 전개부는 그 연주 속에 감동과 극적인 강조를 점점 더 많이 드러낸다. 2부의 가곡 형식인 느린 2악장은 갈망하는 듯이 상승하는 테마에 의해 생기를 띠게 되는데, 이 테마는 전개부에서 점점 더 새로운 선율적이며 화음적인 표현을 드러낸다. 장엄하게 행진해 가고 있던 이 테마는 고통스러운 포르티시모의 돌출로 인해 두 번째로 중단되는데, 이것은 2악장의 극적이면서도 이중적인 특성을 분명하게 해 준다. 활력이 넘치는 미뉴에트는 삼화음의 선율과 화려한 E플랫장조의 화음을 향해 나아간다. 3중주의 중간 부분은 긴장감이 사라진 채 요동하는 클라리넷의 선율과 대비된다. 피날레에서 명랑한 분위기는 결국 분방한 방종(放縱)으로 상승하게 된다. 이 악장은 탁월할 뿐만 아니라 생생하며 활발한 테마로 시작하고, 전개부에서 테마는 목관악기의 교대적인 연주 속에서 다성적으로 처리된다.

G단조 교향곡 KV550

1788년

106쪽 참조
1788년 7월 25일 완성된 이 G단조 교향곡은 다른 것들과 비교할 수 없는 비극적이며 반항적인 태도를 기본적으로 취하고 있는 유일한 작품이다. 이 작품의 암울한 분위기와 당시 모차르트가 생활하던 상황 사이의 연관성을 찾으려는 시도는 당연한 것이다. 그렇지만 그의 18세기의 교향곡은 (나중에 나온 베토벤의 경우처럼 주관적인 정신 상태가 등장하는 무대가 아니라) 적어도 객관적으로 거리를 두고 있는 음악적인 '특성들'로 이루어져 있다. 모차르트는 G단조 교향곡으로 작곡의 신기원을 이룩하려고 했으며, 따라서 당시의 '아름다움에 관한 미학'의 한계에

비극적 기본 태도
이르게 된다. 암울한 G단조 음조는 이미 열정적인 상태를 불러 일으켰던, 고통스러우며 또한 체념해 버린 태도를 상징한다. 예를 들어 〈후궁으로부터의 유괴〉에 나오는 콘스탄체의 아리아 '슬픔은 내 운명이라오(Traurigkeit ward mir zum Lose)'와 같은 태도를 모차르트는 많은 오페라 아리아에서도 보여 준다. 그 밖에도

동작으로 그려 낼 수 있는 음악적 테마와 연상적으로 작
용할 수 있는(예를 들면 '뽐내며 활보하는') 선율과 엄격하며
냉엄한 대위법과 운율적인 무질서 등과 같은 다른 표현
양식들이 등장한다.

> 모차르트와 동시대 사람들은 …… 이런 음악은 당시 사람
> 들이 들을 수 있었던 모든 것과 구별된다고 아주 분명하게
> 느꼈다. 음악적이며 감정적인 표출의 농도는 듣는 사람에
> 게 그의 한계를 요구했다. 사람들은 더 이상 견딜 수가 없
> 었다. 우리는 점점 더 다시 음악을 이해하는 동시대 사람들
> 은 물론 모차르트의 부친까지 감상자들에 대해 이러한 과
> 도한 요구를 하고 있다고 지적하는 의견들을 보게 된다.
> …… 비록 끔찍한 것으로 이해하는 사람들이 있음에도 불
> 구하고, 모차르트의 음악을 수용하는 많은 목소리들도 또
> 한 존재했다. 따라서 그의 G단조 교향곡은 "…… 깊은 감
> 동을 주며 …… 끔찍할 정도로 아름답다. …… 가장 침울한
> 것에서 가장 숭고한 것으로 옮겨 가는, 열정적일 정도로 감
> 동을 받은 한 영혼의 위대한 묘사는 ……."
>
> 니콜라우스 아르농쿠르(Nikolaus Harnoncourt),
> 《Der musikalische Dialog》, 119쪽

1악장은 반음의 '탄식 모티프'로 시작하며, 여기에서 고
통스럽게 흔들리며 질문하듯 상승하는 6도 음정으로 끝
을 맺는 주테마가 펼쳐진다. 이어서 B장조의 부주제가
비탄스럽게 등장한다. 전개부는 서로 다른 악기 편성으
로 반복되는 주테마의 진행으로 살아난다. 또한 테마는
음조를 따라가면서 대위법적인 농담(濃淡)을 겪으며(우울

하며 체념적인 코다(Coda)까지) 반음의 길을 가게 된다. 느린 2악장은 내면적인 감정을 엄숙한 진지함과 연결시킨다. 주테마는 축제적인 상승으로 시작하며 비교적 많은, 예술적으로 서로 뒤섞인 병렬 구조로 표현된다. 전개부의 시작에서 장면은 어두워진다. 비교적 진폭이 큰 심오함으로 진행하고 있는 모티프의 흐름을 담고 있는 음정의 주제는 냉정하고 단조롭게 연결되어 있다. 거칠고 진지한 성격의 곡인 미뉴에트에서는 그 본래의 형식인 명랑하고 정중한 궁정의 춤곡을 떠올릴 수가 없다. 그리고 딱딱한 리듬 속에서 대위법적으로 진행해 나가는 미뉴에트의 테마는 체념으로 가득 차 있다. 피날레에서 분쟁적인 것은 이제 퉁명스러운 것으로, 화해할 수 없는 것으로 이미 상승된 것처럼 보인다. 질문을 던지며 위로 향하던 주테마는(피아노) 거칠게 던져진 대답(포르테)을 이용하여 피날레를 지배한다. 과도할 정도로 동작을 취하고 있는 테마는 계속해서 점점 더 좁은 공간 속에서 반복되면서, 자신을 구성하고 있는 부분들 속으로 산산이 부서진다. 교향곡은 아무런 희망 없이 비극적인 단조로 끝을 맺는다.

C장조 교향곡 KV551

〈주피터 교향곡〉, 1788년

모차르트의 〈주피터 교향곡〉은 G단조 교향곡이 끝난 지 **106쪽 참조**
얼마 지나지 않은 1788년 8월 10일에 완성되었으며, 모
차르트의 교향곡 작품 중 최종 작품이다. 앞선 G단조 교
향곡이 비극적인 것에 접근해 있다면, 이 C장조 교향곡
은 바로 승리적인 것이며 숭고한 것의 이상(理想)이었다. **승리적이며**
'주피터'라는 이름은 런던의 흥행업자였던 요한 살로몬 **숭고한 것**
(Johann P. Salomon)에게서 유래했다. 바로 승리와 힘과
지성을 상징하던 최고의 로마 신에서 따온 표현이다. C
장조 음조는 전적으로 '승리적인 것'을 상징한다. 그럼
에도 불구하고 승리는 반대되는 것들의 연주 속에서 비
로소 얻어져야만 한다. 이 작품은 악장들에 들어 있는
주제와 관련된 공통적인 내용을 통해 특징을 드러낸다.
다시 말해서 주제들은 비록 모습은 바뀌었지만 부분적
으로 그 주제들 속으로 다시 돌아간다.

1악장의 주테마는 반대되는 성격을 지닌 두 개의 부분으
로 구성된다. 하나는 팡파르를 울리는 듯한 승리의 모티
프(포르테)이며, 다른 하나는 선율적이며 부드러운, 절실
하게 애원하는 생각(피아노)이다. 우아한 부주제는 이와
대조적인 모습으로 등장한다. 전개부는 전례를 찾아보
기 힘들 정도의 밀도 높은 표현으로 가득 차 있다. 어떤

힘을 통해서, 어떤 활력을 통해서 이러한 테마들이 함께 혹은 대립적으로 진행되는가, 즉 모티프적이며 테마적인 작업이 어떻게 대위법적인 농밀함으로 이어지는가는 감탄을 자아낸다. 1악장은 축제적인 팡파르로 끝을 맺는다. 안단테 칸타빌레인 2악장 역시 서로 아주 다른 분위기로 살아 숨쉰다. 행운에 대한 열광적 찬양인 첫 번째 테마는 단조의 혼탁함과 당김음을 이용하여 평화의 모습을 방해하는 부주제 속으로의 경과부로 이어진다. 전개부는 어두운 분위기를 더욱 심화시키며, 반음씩 떨어져 가는 진행이 이것을 표현한다. 이 악장은 모차르트의 후기 오페라 아리아와 유사한 내면적인 극적 긴장감으로 채워져 있다. 이어 등장하는 미뉴에트는 갈구하듯 길게 늘려진 테마로 살아 숨쉰다. 테마의 시작은(이제 반음씩 올라가면서) 1악장에 등장했던 부주제의 자리바꿈과 일치한다. 피날레는 우아한 방식으로 푸가의 기법을 고전주의적인 것의 환호하는 힘과 결합시킨다. 소나타의 형식이 지배적이지만, 그럼에도 불구하고 그 형식은 푸가의 원칙을 통합하고 있다. 제시부는 강력하며 장중한, 네 개의 전음으로 형성된 주테마와 역동적이며 '파상적인' 8분음표의 음형(音型)으로 이루어진다. 더불어 세 번째와 네 번째 테마가 등장한다. 이 악장은 유일하게 강력한 상승 작용을 한다. 전개부는 우선 부점이 붙은 시

작과 아래를 향해 굴러가고 있는 8분음표를 통해 특징
지어지는 세 번째 테마를 처리하고 네 번째 테마와 재현
부 그리고 결국 주테마와 부주제를 처리한다. 이때 모
방, 확장, 축소, 자리바꿈, 후퇴(복귀적인 움직임), 스트레
타(푸가의 기교 중 하나) 주제가 들어가는 사이를 좁혀 변
화와 긴장을 주는 방법과 같은 푸가의 모든 기술이 투입
된다. 그렇지만 코다(한 작품 또는 한 악장의 종결 악구)에 이
르러서야 비로소 주제들을 완벽한 교차를 통해 승리감
의 정점으로 이어지게 된다. 이 작품은 큰북과 트럼펫의
축제적인 요란한 소리로 끝을 맺는다.

협주곡

모차르트의 협주곡들은 교향곡에 필적한다. 후기의 피아노 협주곡들과 마지막 바이올린 협주곡들 그리고 클라리넷 협주곡과 같은 관악기 협주곡들은 단순한 오락적인 기능을 훨씬 넘어서는 가장 위대한 것들이다. 합주와 독주 간의 고정적인 전환에서 벗어난 솔리스트와 오케스트라는 이제 '각각의 개체'가 되었으며, 솔리스트와 오케스트라는 함께 그리고 따로 대화하며 이때 명랑하면서도 진지한 충돌이 이루어진다. 그런데 테마와 모티프의 일관되고 계속적인 전개를 토대로 하는 것이 일반적이다.

피아노 협주곡

피아노 협주곡, 다시 말해서 쳄발로 협주를 작곡했던 최초의 작곡가들에는 요한 세바스티안 바흐와 그의 아들들인 카를 에마누엘과 프리데만, 요한 크리스티안이 있다. 특히 크리스티안과 게오르크 바겐자일 그리고 풍부한 표현력의 작품을 작곡했던 요한 쇼베르트(Johann Schobert) 등이 모차르트의 초기 피아노 협주곡에 영향을 미쳤다. 1773~1779년 나온 초기의, 아직 궁정의 사교 예술을 벗어나지 못했던 이러한 작품들은 소위 '로코코 양식'을 통해, 다시 말해서 칸타빌레 형식의 활력이 넘치는 선율을 통해 구분된다. 교향곡의 형식이 이미 여기서도 드러난다. 1악장에는 두 개의 주제를 가진 제시부와 자유로운 형식의 간주가(나중에는 전개부가), 그리고 마지막 악장에는 론도의 형식 또는 변주의 형식이 등장한다. 기술적인 화려함과 표현적인 음향적 동작이 제시된 E플랫장조 협주곡 KV271(1777년)에서는 피아노가 처음으로 모티프와 주제에 연관된 임무를 맡게 된다. 두 대의 피아노를 위한 E플랫장조 협주곡 KV365(1779년)에서는 역동적인 대조와 날카로운 화성뿐만 아니라 처음으로 후기 협주곡의 전형적인 '함께 그리고 따로'의 연주, 즉 외침과 대답 그리고 계속적인 진행의 연주가 두드러진다.

1781년 모차르트가 빈으로 이주하고 나서 작곡했던 최초의 협주곡들은 이미 화려하게 빛나는 탁월함을 지니고 있었다. 그렇지만 1784년에야 비로소 그의 위대한 피아노 협주곡의 시대가 시작된다. 형식은 이제 성숙해졌다. 1악장의 시작에는 '이중적인' 제시부, 즉 오케스

> 협주곡들은 너무 어렵고 너무 쉬운 그 중간쯤 되는 것이어야 하며, 아주 찬란하지만 듣기에 편안하고 빠뜨린 것이 없이 자연스러워야 해요. 때로 전문가들 역시 만족감을 얻을 수 있어야 하지만 문외한들 역시 이유는 알지 못해도 만족감을 얻을 수 있어야만 해요.
> 1782년 12월 28일 부친에게 보내는 편지, 모차르트, BA 3, 245쪽 이하

트라의 그것과 솔리스트의 그것이 등장한다. 이어서 빠르면서도 때론 극적일 정도로 감동적인 소나타 형식이 뒤를 따른다. 주제들은, 예를 들어 힘 있게 밀고 들어오는 주테마와 가곡적인 부주제로 인해 완전하게 배치된다. 이 밖에도 여러 가지의 설명적인, 계속적인 진행에 영향을 미치는 모티프들도 등장한다. 전개부는 점점 더 대화적인 성격을 갖는다. 게다가 솔리스트 역시 이제는 더욱더 많은, 시작부터 제시되는 음악적 테마를 맡게 되고 계속해서 발전시켜 나가게 된다. 이것은 물론 결코 엄격하지 않게, 장난스럽게 그리고 더욱더 의례적인 것으로 이루어진다. 모차르트는 피아노에 마치 인간의 언어를 갖다 붙인 듯했다. 솔리스트는 부탁을 하고, 애원을 하고, 한탄을 하고, 승리를 거두어 기뻐하며 그리고 오케스트라는 이런 것에 대한 설명을 한다. 한 번은 웃으면서, 또 한 번은 눈물을 흘리며 계속 진행해 나가며, 부족한 것은 보충하고 해결책을 보여 준다. 교향곡에서와 마찬가지로 여기서도 명랑한 충돌에 대한, 나중에는 극적인 충돌에 대한 경향과 같은 오페라와의 유사점을 느낄 수 있다. 이와는 대조적으로 종종 가곡

형식을 띠는 중간 악장에는 고요함과 숙고와 내면화가 들어 있다. 피날레는 거의 언제나 탁월한 기량의 솔로 연주, 즉 카덴차들로 마침내 감상자들을 명랑한 감각의 세계로 다시 불러오는 임무를 맡는다.

1784년까지의 피아노 협주곡들이 주로 오락적인 성격을 갖고 있다면, 후기 협주곡들에서는 고백적인 작품으로의 변화가 일어난다. 이것은 대범한, 즉 타협이 없는 반항(D단조 협주곡 KV466)에서 깊은 체념의 경향(C단조 협주곡 KV491)에 이르는 음악 언어로 표현되고 있다. 사용되고 있는 음악적 창작 수단은 특히 풍부한 표현력의 음정의 도약과 강력한 힘의 돌출, 단조로의 조바꿈과 반음의 행진, 형식의 새로운 처리 등이다. 그렇지만 과거 단순히 반주의 기능만을 했던 오케스트라 역시 주제를 처리해 나가는 데 있어서 적극적인 역할을 수행하는 독립적인 파트너의 역할을 한다. 이때 현악기와 관악기는 다시 한 번 더 나뉘게 되고, 목관악기의 소리도 추가로 분리된다.

D단조 피아노 협주곡 KV466

1785년

고백적인 작품이지만 그 이상의 과격하며 타협을 모르는 주관적 성격이 담겨 있는 D단조 협주곡은 1785년 2월

84쪽 이하 그리고 91쪽 이하 참조

마력적 열정

11일 빈의 카지노 'Zur Mehlgrube'에서 초연되었다. 모차르트가 살던 시대를 마력적인 열정과 운명 그리고 죽음으로 대표하는 음조뿐만 아니라 어두운 오케스트라의 색채, 즉 급격한 분위기의 변화 또한 이 작품을 〈돈 조반니〉와 유사하게 만드는 요소이다. 그 밖에도 '화해할 줄 모르는', 다시 말해서 아주 다른 음악적 주제를 갖고 서로 상대하고 있는 라이벌 관계인 솔리스트와 오케스트라 사이의 극적인 대화도 중요하다.

1악장은 긴장감이 넘치며, 위협적으로 상승하고 있는 바순의 소리로 시작한다. 미안해 하는 듯이 질문을 던지는 F장조의 부주제는 삽입곡에 불과하다. 솔리스트가 이것을 무시하고 애잔하며 길게 펼쳐져 있는 세 번째 테마까지 계속 나아가기 때문이다. 전개부에서는 이런 다툼이 날카로워진다. 이 악장은 "마치 복수의 여신들이 지쳐 있지만, 그러나 여전히 큰소리를 내며 매순간 다시 충돌하기 위해 휴식을 취하고 있는 것처럼"(아인슈타인, 1997, 324쪽) 들린다. 이와는 대조적으로 느린 2악장에는 모습이 바뀐 부드러운 로망스가 등장하지만, 격렬하게 흥분되어 가는 중간 부분에 의해 방해받는다. 피날레는 아주 빠른 속도로 쏘아 대며, 1악장의 극적인 성격을 유지하며 계속 이끌어 나가는 D단조의 삼화음으로 시작한다. 1악장에 등장하는 피아노 테마의 변형인 두 번째 테마는 정력적인 것으로, 도전적인 것으로 바뀐다. 물론 계속되는 전개는 그런 다툼에서의 해방을, 즉 극복을 목표로 삼는다. 엄격한 교향곡의 원칙이 점차 협주곡에서 사라지며, 승리를 확신하는 세 번째 생각이 화해의 결말로 이어질 때까지 그 선율은 빛을 발한다.

A장조 피아노 협주곡 KV488

1786년

오페라 〈피가로의 결혼〉 작업 도중에 나온 A장조 피아노 협주곡은 모차르트의 작품들 가운데 특히 명랑하고 밝은 축에 속한다. 따스한 감정, 즉 밝은 소리는 특히 A장조 음조에서 기인한다. 이에 반해 부드럽고 잔잔한 소리는 기악 파트(클라리넷)에서(오보에와 트럼펫과 큰북은 포기) 나온다. 그렇지만 완전한 멜로디와 음조에도 불구하고 다시금 바로 전인 1785년의 작품에서 그랬던 것처럼 개인적인 표현을, 즉 심원함을 얻고자 하는 노력을 여기서 느낄 수 있다. 1악장은 균형성에 있어서, 즉 주제와 감정의 균형적인 측면에서 모차르트의 '가장 고전주의적인' 악장에 속한다. 이미 흘러나오고 있는 현악기의 주테마에 이어 친밀한 부주제가 등장한다. 반음씩 떨어져 가는 부주제의 움직임은 슬픈 노래와 같은 몽상적인

명랑함과 밝음

모차르트가 죽은 후 콘스탄체는 모차르트의 피아노 협주곡 한 편을 베토벤의 친구이자 음악애호가인 프러시아 왕자 루트비히 페르디난트에게 헌정했다

성향을 지닌다. 이것과 가장 날카롭게 대비되는 비통함과 고독함을 표현하는 아주 깊고 느린 중간 악장(F샤프단조의 아다지오)이 등장한다. 요동치는 시칠리아노의 리듬으로 흘러가는 피아노의 주테마는 익숙하지 않은 음정의 도약과 화음의 색깔을 방해한다. 이어지는 모차르트의 오페라 부파 분위기를 느끼게 하는 론도의 피날레는 활기 넘치며 매우 화려하게 끝을 맺는다.

B장조 피아노 협주곡 KV595

1791년

115쪽 참조 모차르트가 사망한 해에 나온(1791년 1월 5일로 기록되어 있다) B장조 피아노 협주곡은 어쨌든 그의 마지막 작품들 가운데 하나이다. 마지막 작품들에 전형적이었던 것은 새롭게 얻은 소박함에 대한, 내면화와 반성의 경향이다.
B장조 협주곡 역시 이러한 태도에 의해 만들어졌지만,
그 밖에도 비통함의, 즉 웃음 짓는 멜랑콜리의 분위기와
온화함도 영향을 미쳤다. 이제 모차르트는 지금까지 이
루어 냈던 대규모의 교향곡적인 작업과 탁월한 기량뿐
만 아니라 심지어는 솔리스트와 오케스트라 사이의 예
술적인 함께와 따로까지도 포함하는 모든 것을 포기한
다. 솔리스트와 오케스트라는 더 이상 대결적이거나 서
로 반대의 목소리를 내는 것이 아니라, 공동의 목표를
보며 함께 연주한다. 이 협주곡은 '장엄한' 선율과 역동
적인 대비, 즉 장조와 단조 사이의 끊임없는 왕복을 포
기하고 기악 편성의 제한(여기서는 트럼펫과 큰북이 완전하
게 배제된다)을 두게 된다. 1악장은 주테마의 서정적인 유
입이 결정적 역할을 하고 있으며, 여기서 계속적으로 유

라르게토는 환하게 빛나는 햇볕에 의해, 말하자면 완전하
게 작열하게 된다. 모든 것은 그 빛 속에서 꼼짝 않고 있으
며, 사람들은 마치 가장 사랑받는 모차르트를 우리에게서
빼앗아 가려는 죽음의 존재를 감지한다. 이어서 바로 절망
과 비극 속으로 사라지기 위해 사랑과 열정의 노래인 칸틸
레나(여러 주제 중 특히 사랑을 다루고 있는 작은 형식으로
된 서정적 선율)가 등장한다.
　　게오르기 W. 치체린(Georgi W. Tschitscherin), 모차르트에
　　　관한 작가이자 소비에트연방의 최초 외무부장관, B장조
　　　피아노 협주곡 KV595에 관해서, 치체린, 1990, 98쪽 이하

사한 모티프가 전개된다. 솔로의 제시부는 멜랑콜리하게 채색된 F단조의 선율로 오케스트라에게 설명해 나간다. 느린 2악장은 소박하며 고상한 기품으로 채워진 주테마를 등장시키며, 반면 피날레는 모차르트의 가곡 〈봄의 동경(Sehnsucht nach dem Frühling)〉을 불러들인다. 마치 아무 일도 없었던 듯이 외견상으로는 명랑해 보인다.

바이올린 협주곡

1775년

49쪽 참조 젊은 모차르트는 이탈리아와 프랑스에서 바이올린 협주곡을 경험할 수 있는 기회가 있었다. 예를 들어 그는 비발디와 같은 이탈리아 작곡가들로부터 여러 번 합주와 솔로가 바뀌는 악장의 형식뿐만 아니라 칸타빌레의 성격과 3악장의 구성(빠르게-느리게-빠르게)을 받아들인다. 당시 인기를 독차지하고 있던 바이올리니스트 지오반니 바티스타 비오티(Giovanni Battista Viotti)가 뽐내던 아주 탁월한 기량의 솔리스트 연주 테크닉과 춤곡과 같은 요소들은 프랑스에서 나왔으며, 오스트리아에서는 전통의 민속 음악에서 영향을 받은 것들이 등장했다. 그 밖의 중요한 요소로는 이탈리아 오페라 부파의 아리아가 있으며, 이것은 솔리스트와 오케스트라 사이의 대화를 이끌어 가는 방법으로 사용된다.

모차르트의 바이올린 협주곡들에서는 청소년기의 열정 과 명랑한 기품과 유려한 우아함이 결정적 역할을 하고 있다. 첫 악장들은 주테마로부터 성장해 나와 상상력 풍 부하게 계속 전개되는 음악적 착상으로 살아 숨쉰다. 항 상 새로운 것을 기다리던 솔리스트는 특히 여기서 유명 해진다. 모차르트의 바이올린 협주곡들은 어떠한 형식 적 전형도 따르지 않는다. 비록 바로크의 나열적인 테마 와 고전주의의 소나타 형식 그리고 모티프와 테마의 일 관적인 전개와 같은 작곡 원칙들이 사용되긴 했지만, 그 럼에도 불구하고 자유로운 즉흥연주가 추가로 항상 등 장한다. 가곡처럼 밀려들어 오는, 강력하게 감정이 강조 된 중간 악장들은 대부분 협주곡의 휴식처가 된다. 비록 론도의 형식으로 되어 있지만, 그럼에도 불구하고 자주 변주가 되는 피날레는 춤곡처럼 그리고 장난치는 것처 럼 보인다.

우아함과 기품

특히 마지막에서 두 번째인 D장조 바이올린 협주곡은 솔리스트들에게 맞춰져 있다. 바로 1악장에서 모든 음역 들이 등장한다. 화려한 경과구(經過句)의 작품에 걸맞은 환호를 불러일으키는 클라이맥스와 서정적으로 내면화 되어 흘러가는 듯한 칸틸레나에 어울리는 낮은 음역이 등장한다. 이때 교향곡적인 전개가, 즉 모티프적이며 테마적인 작업이 우세를 점한다. 중간 악장은 고상하며 폭넓은 노래로 생명력을 얻으며, 안단테 그라치오소 (andante grazioso)로 시작하는 론도의 피날레는 다시금 수많은 놀라운 것들을, 예를 들면 휘몰아치듯 타오르는 삽입곡과 당시 퍼져 있던 민요('슈트라스부르크의 민요')와 프랑스의 뮈제트(프랑스의 목가적인 3박자 무곡) 등과 같은 것들이 준비되어 있었다.

A장조 바이올린 협주곡은 등장하는 많은 테마와 역동적인 활력으로 인해, 친밀한 화려함과 위트로 인해 모차르트의 가장 유명한 작품이다. 1악장은 오케스트라의 축제적인 분위기의 기대를 가득하게 하는 도입부로 시작한다. 도입부에 이어 환호하듯 솔로 바이올린이 무대로 등장한다. 더욱 새로운 모티프의 삽입으로 말미암아 이어지는 전개부는 극적으로 흘러간다. 이 협주곡의 휴식처인 아다지오의 중간 악장 역시 강렬한 흥분의 삽입곡을 포함하고 있다. 그러고 나서 피날레에 등장하는 폭넓은 감정 표현은 거의 과감하게 진행되어, 피날레의 우아하며 미뉴에트풍의 주요 부분은 결국 집시풍의 거친 마력적인 '터키풍(Alla turca)'에 의해 계속해서 찢겨 나가게 된다!

A장조 클라리넷 협주곡 KV622

1791년

궁정의 클라리넷 연주자 안톤 파울 슈타들러(Anton Paul **115쪽 참조**
Stadler)를 위해 쓰인 이 클라리넷 협주곡은 모차르트의
마지막 작품들에 속한다. 1790~1791년에 나온 이 마지
막 작품들은 철저하게 본질적인 것(소박한 멜로디와 구조)
으로만 국한하며 외형상의 효과를 포기하는 두 가지 요
소가 결합된 위대한 심오함으로 이루어져 있다. 이 협주
곡은 관능적인 신선함과 매력적인 우아함을 통해 다른
작품들과 차별되지만, 다른 측면에서는 〈마술피리〉를
연상시키는 아주 심오하면서도 축제적인 분위기의 멜로
디를 통해 구별되기도 한다. 1악장은 갈구하는 듯한 고
통스런 테마로 시작한다. 솔리스트는 이런 주제를 받아
들여 계속해서 자유로이 변주해 나간다. 모차르트는 여
기서 아주 섬세한 지각능력을 발휘하여 클라리넷 소리
의 가능성을 찾아내서 이 악기를 마치 '인간적인 것',
즉 '영혼이 깃든 것'처럼 다룬다. 따라서 그는 그 음역
을 마치 서로 상반되는 감정을 지닌 이해할 수 없는 한
인간의 내부에 있는 서로 다른 감정 영역처럼 그려낸다.
감동적이고 엄숙한 클라리넷 테마로 살아 숨쉬는 느린
중간 악장은 풀어 나가는 음에 비추어 볼 때 로망스를
연상시키지만, 나중에는 솔로 클라리넷의 흥분된 움직

임으로 상승한다. 비교적 편안한 론도 형식의 3악장은
이 작품을 춤곡처럼 들리게 만드는 종말로 몰고 간다.
그렇지만 단조의 삽입곡과 솔로 클라리넷의 그로테스크
한 음역은 이러한 피날레에 어떤 모순적인 것을 가져다
준다.

호른 협주곡

KV371(1781년), KV417(1783년), KV447, KV495(1786년),
KV412/514(1791년)

115쪽 참조　잘츠부르크의 호른 연주자 요제프 로이트게프(Joseph I.
Leutgeb)를 위해 작곡된 모차르트의 호른 협주곡들은 일
관적으로 호감을 주는 오락적인 성격을 지니고 있으면
서도 사색적이며 정서적인 깊이 또한 잃지 않고 있다.
이런 협주곡들의 감정 표현의 단계는 편안하며 팡파르
를 울리는 듯한 탁월함과 위트 있는 연주에서 시작해서
서정적이며 부드러운 흐름에까지 이어진다. 이들 협주
곡 속에서 솔리스트의 연주 성격은 모티프적이며 테마
적인 작업과 결합된다. 이때 오케스트라는 동반자일 뿐
만 아니라 바로 자신만의 이야기를 펼쳐 나갈 수 있는
권한도 부여받는다. 이들 작품들은 형식 면에 있어서 유
사점을 지니고 있다. 즉 1악장은 소나타의 형식이며, 2악

장은 가곡풍의 로망스 그리고 피날레는 활기 넘치는 사
냥 장면의 음악인 '샤세(Chasse)'이다. 밸브가 없는, 다
시 말해서 음에 한계가 있던 원래 호른(Naturhorn)의 연
주는 그 당시 시대에 맞게 '약음(弱音, Stopfen)'의 기술
을 통해 온음과 반음을 내는 것이 가능했다.

협주곡 KV417은 숲의 분위기와 사냥의 분위기를 가장 **사냥의 분위기**
잘 나타낸다. 1악장은 활력이 넘치며 축제적인 분위기의
주테마로 시작하며, 2악장은 이와는 반대로 감정이 억
제된 채 연주된다. 이 작품은 장난기 넘치며 탁월한 기
량의 매력적인 메아리 효과가 살아 있는 피날레로 끝을
맺는다. 솔로 호른이 돋보이는 1786년에 나온 협주곡
KV495는 호른 협주곡들 가운데서 테크닉적으로 가장
예술적 수준이 높은 작품이다. 감정을 강조한 로망스의
느린 중간 악장이 중간에 위치하고 있다. 이 로망스의
주제들은 아주 부드럽게, 마치 부드러운 달빛처럼 쏟아
져 내리는 역할을 한다. 피날레는 넘쳐나는 선율과 활력
이 가득한 리듬으로 활기를 띤다. 협주곡 KV417의 피날
레와 구조 및 주제에 있어서 비슷한 점들이 있다.

세레나데

50쪽 참조 모차르트의 세레나데 음악은 특히 잘츠부르크 시절에
등장했다. 실제적 의미의 세레나데(Abendmusik)와 (축제
의 끝을 알리는) 디베르티멘토, 카사시온(Kassation, 18세기
에 야외에서 연주하도록 만들어진 기악의 한 형식)과 (학기말 시
험 끝난 것을 축하하는) 피날무직(Finalmusik) 그리고 (밤을
나타내는) 노투르노(Notturno) 등은 모두 세레나데에 속한
다. 이런 모든 것들은 사교적으로 즐기는, 즉 자주 야외
에서 연주되는 현악과 관악을 위한, 또는 현악과 관악이
뒤섞인 편성을 위한 작품이었다. 이 작품들은 때로 12개
의 악장으로까지 구성되기도 하며, 교향곡적이거나 춤
곡 형식의, 가곡적인 형식이거나 론도 형식의 구조를 하
고 있을 수도 있지만, 또한 실내악적이며 (솔리스트가 등장
하는) 협주곡적인 구조를 갖고 있을 수도 있다. 그 경향
은 서로 대단히 다를 뿐만 아니라, 디베르티멘토의 자유
로운 명랑함에서부터 요구사항이 많은 오케스트라의 개
념을 띤, 사색과 비통함과 같은 의미심장한 감정의 표현
영역을 포함하는 세레나데에 이르기까지 다양하다.

여름철에 사람들은 날씨만 좋으면 거의 매일 모인다. 거리에서의 세레나데, 매시간마다, 때로는 정각 한 시에 아니면 더 늦게. …… 세레나데는 여전히 밤늦게도 공연된다. 모두가 익숙하게 집으로 향해 서두르는 그 시간에도. 따라서 이내 창문으로 사람들이 보인다. 그리고 세레나데 음악은 몇 분 되지 않아 많은 청중들을 불러 모으고 박수갈채가 터진다.

남부 독일과 오스트리아 지방에서의 세레나데 연주에 관련된 소문에 대한 기사, 《Wiener Theater-Almanach》, 1794, 173쪽

모차르트가 작곡했던 약 40여 편의 작품들 가운데 가장 대중적으로 손꼽을 수 있는 것은 위대한 세레나데 곡들 가운데 첫 번째인 세레나타 노투르나 KV239(1775~1776년)이다. 매력적이고 유머러스한 이 작품은 솔리스트의 그룹이 (여기서는 솔로의 현악기) 오케스트라와 (현악기와 큰북) 대립하는 콘체르토 그로소(몇 개의 독주 악기군과 전체 오케스트라의 대비가 특징이다)의 원칙을 따르고 있다. 가장 중요한 세레나데로는 1776년의 〈하프너 세레나데〉 KV250을 들 수 있다. 이 작품은 우아함과 탁월함과 교향곡적인 음향이 서로 독창적으로 연결되어 있다. 이후 얼마 지나지 않아 모차르트는 네 개의 오케스트라를 위한 D장조 노투르노를 작곡한다. 이 작품은 매력적인 메아리 효과를 만들어 낸다. 1779년의 〈포스트호른 세레나데〉 KV320 역시 독주의 목관악기들을 통해서 교향곡처럼 작업된 긴장감이 팽팽한 1악장과 마지막 악장이 만

들어지며, 수많은 분위기의 장면들뿐만 아니라 선율적인 면에서도 매혹적인 '신포니아 콘세르탄테'가 만들어진다. 그렇지만 역시 모차르트의 가장 인기 있는 작품은 두말 할 필요 없이 1787년에 나온 〈아이네 클라이네 나흐트무지크〉 KV525일 것이다. 이 곡은 명랑하고 화려하며 아주 본질적인 것으로만 한계를 정하는 세레나데의 전형(典型)이다. 〈아이네 클라이네 나흐트무지크〉의 1악장은 크게 흔들고 있는 부주제로 흘러 들어가는 신선한 팡파르로 시작한다. 시적인 세레나데의 모범이라 할 수 있는 로망스는 그것이 지니고 있는 사랑스럽고 그리움이 가득한 주테마로 생명을 유지한다. 생동감 있게 전진해 나오며 인생을 표출하는 피날레로 이어지는 미뉴에트 역시 간결함과 강력한 표현의 쉬운 이해를 보여준다.

실내악

모차르트의 실내악 창작은 그의 평생 동안 이루어졌다. 청소년 시절의 작품들은 오스트리아의 민속음악뿐만 아니라 이탈리아의 모범들에서 영감을 얻었다. 나중에 빈에서 고전주의 실내악의 전형을 만들어 냈던 요제프 하이든으로의 방향 설정은 중요하다. 소박하고 내면적인 후기 양식은 특히 1786~1787년부터 나온 현악4중주, 현악3중주를 위한 디베르티멘토 KV563, 그리고 마지막 네 편의 현악5중주에서 접할 수 있다. 유명한 A장조 클라리넷5중주 KV581 역시 내면적인 후기 작품에 속한다. 이 곡은 상당히 표현력 있게 보이는, 전체 음역을 사용하는 클라리넷에 매력적인 색채의 혼합을 제공한다. 모차르트의 실내악은 18세기 후반의 이 장르를 이끄는 중요한 변화를 보여 준다. 악기의 종류와 숫자는 점점 더 고정되며, 동시에 계속저음(Basso-continuo)의 전통은 사라진다. 이것은 모티프와 테마의 일관적인 전개 속에 저음과 중성을 포함시키려는 노력의 결과였다. 모차르트의 실내악 작품은 독립적인 발전을 하고 있는 피아노가 들어가는 작품들, 현악기를 위한 작품들, 관악기와 현악기를 위한 작품들, 관악기를 위한 작품들, 세레나데 또는 디베르티멘토의 다섯 개 그룹으로 나뉜다.

현악4중주,
92쪽 참조

모차르트의 실내악 가운데 하이든과 근접한, 1782~1785년에 쓰인 여섯 개의 현악4중주 KV387, 421, 428, 458, 464, 465 등이 특히 유명하다. 이들 4중주는 가장 개인적인 표현이라는 특징을 지니고 있다. 감정의 단계는 마술과 같은 소리의 경쾌함에서 가장 격정적인 열정, 극적인 성격, 퉁명스러움, 깊은 진지함까지 이어진다. 모티프와 성부의 조직을 꿰뚫는 테마의 일관적인 계속적 전개와 각 성부의 완전히 동등한 권리, 선율적인 표현력과 대범한 화음, 역동적인 대조와 대위법 이론 등은 새로운 종류의 창작 수단이다. 모차르트의 마지막 4중주 KV575, 589, 590(1789~1790)은 첼로를 연주했던 프로이센의 프리드리히 빌헬름 2세의 의뢰에 의해 탄생했으며, 첼로의 우월함이 그 특징이다. 여기에는 탁월한 연주 음형의 사용뿐만 아니라 독주의 원칙이 지배하고 있다. 암울하며 작법상 엄격한 C단조 현악5중주

현악5중주
102쪽 참조

KV406(1787~1788년), C장조 5중주 KV515와 엄숙하며 극적인 G단조 5중주 KV516은 전체를 통틀어 가장 위대한 실내악 작품으로 꼽힌다.

모차르트의 실내악은 형식의 순수함과 우아함을 통해, 뿐만 아니라 놀라우면서도 보기 드문 각 파트 진행의 아름다움을 통해 매력적이다. 그러나 때때로 눈물 나게 하는 그런 부분도 있다. 나는 G단조 5중주 KV516에 나오는 아다지오를 지적하고 싶다. 이 음악에 등장하는 겸허하면서도 주체할 수 없는 비통함이 그렇게 아름답게 표현되는 것을 결코 그 누구도 이해하지 못했다.

1878년 3월 16일(28일) 나데시다 폰 메크
(Nadeshda von Meck)에게 보내는 편지에서 페데르 I.
차이코프스키, 페촐트, 1988, 156쪽

피아노 소나타

48쪽 참조 전체 24개의 소나타와 17개의 변주곡 시리즈 그리고 수 많은 소품들로 구성되어 있는 모차르트의 피아노 음악 은 본질적으로 피아노라는 악기의 새로운 표현 영역을 개척하는 데 기여했다. 피아노 협주곡과 비교해서 소나 타는 대부분 비교적 기량이 탁월하지 못하지만 그로 인 해 편안한 그런 단편적인 작품들(Gelegenheitswerke)이 다. 1775년까지의 초기 작품들에는 화려한 스타일이 지 배적이며, 후기에는 고백적인 성격으로의 내용적인 변 화가 드러난다. 이것은 특히 모차르트의 인생에 있어서 영혼을 갉아먹는 것들이 등장하는 바로 그때이다. 이런 것들은 작품 속에 반영되어 있으며, 두 개의 유일한 단 조 소나타 KV310(모차르트가 파리에서 힘든 몇 개월을 보냈던 1778년에 나왔다)과 KV457을 그 예로 들 수 있다. 모차르 트의 실내악과 비교할 때, 피아노 소나타는 3악장으로, 1악장은 소나타 형식, 2악장은 노래와 변주의 형식, 피 날레인 3악장은 소나타 형식 또는 론도의 형식과 같은 비교적 간단한 구조를 지닌다. 전개부는 처음에는 자유롭고 상상력이 풍부한 주제의 계속적인 반복을 지향하며, 후기로 가면서(1777~1778년부터) 모티프적이며 테마적인 작업이 중요해진다.

1단계 여섯 곡의 소나타 KV279~284(1774~1775년)는 특히 갖고 있는 풍부한 선율과 이탈리아로부터 받은 영향으로 인해 뛰어나다. 또한 요제프 하이든과 '화려한 스타일'의 대표자인 요한 크리스티안 바흐의 영향도 있었다. F장조 소나타 KV280은 그에 반해 이미 템포에 있어서뿐만 아니라 감정적인 면에서도 극단적인 대비를 보여 준다.

2단계 일곱 곡의 소나타 KV309~311(1777~1778)과 KV330~333(1781~1783)에서는 이미 강력한 개인적인 성격이 드러난다. 연주의 기술적인 요구 수준이 더 높아졌으며, 소나타의 구조도 차별화가 이루어졌다. 모차르트의 만하임 시절 그가 숭배했던 여제자 로제 카나비히를 그린 '초상화'인 C장조 소나타 KV309(1777년)의 느린 중간 악장은 진지하며 분명 표현적인 느낌을 준다. 어둡고 무거우면서도 거칠게 시작하는 A단조 소나타 KV310(1778년) 역시 만하임과 파리 여행의 열정과 실망감을 드러내고 있으며, 이런 것들은 나중에 나온 C장조 소나타 KV330(1778년)의 1악장에 나오는 (부점이 붙어 있는 음의 반복인) '운명의 테마'에 영향을 미쳤다. 가장 사랑받는 피아노 소나타로는 1악장에서 우아하면서도 소박한 테마가 변주되는 A장조 소나타 KV331이 있다.

3단계의 소나타 KV457, KV475~576(빈 시절, 1784~1789년)은 대부분이 고백적인 작품들이다. 예를 들자면, F장조 소나타 KV533, 494(1786년)와 D장조 KV576 (1789년)의 느린 악장들에서 볼 수 있듯이 대단히 개인적이거나 혹은 장중할 정도로 고상하다. 이 악장들은 집중적으로 처리된 몇 안 되는 그에 어울리는 독창적인 주제들로 활기를 띤다. 새로운 것은 바흐의 대위법을 사용했다는 것이다. 이 대위법은 아주 자유롭게 감정의 표현에 쓰기 위해 사용되었다. F장조 소나타 KV533, 494에는 처음으로 다성적인 처리가 등장하며, 반면 나중에 나온 B장조 소나타 KV570과 D장조 KV576에서는 다성적이며 고전주의적인 스타일이 완성된다.

교회음악

모차르트의 창작에 있어서 교회음악 역시 중요한 위치를
차지하고 있다. 16개의 미사곡과 4개의 리트니(Litanei),
2개의 베스퍼(Vesper)와 오퍼토리움(Offertorium) 등 대
부분의 작품들은 그가 아직 대주교 밑에 있던 잘츠부르
크 시절에 나왔다. 빈 시절에는 성당의 성악곡으로 돌아
간다. 그렇지만 이 시절 두 개의 기념비적인 작품, C단
조 미사곡(1782~1783년)과 레퀴엠(1791년)은 더욱 더 중요
해진다. 이 두 작품은 심오하며 열정적인 표현(바흐의 다
성음악을 사용함으로써)으로 인해 그 이전 작품들을 훨씬
능가한다. 이에 비해 프리메이슨 그룹을 위해 작곡되었
던 노래들과 합창곡, 칸타타는 단편적인 작품들이다. 특
히 짧은, 아주 축제적인 분위기의 〈경배하나이다, 거룩
한 성체(Ave verum corpus)〉(1791년)가 눈에 띄며, 이것은
모차르트의 가장 유명한 소품 가운데 하나로 꼽힌다.

잘츠부르크 미사곡

47쪽과 66쪽
참조

잘츠부르크에서 모차르트의 임무는 잘츠부르크 성당과 베드로 성당에서 거행되는 미사의 음악적 행사를 위한 작품들을 작곡하는 것이었다. 회중들이 미사 의식으로부터 관심을 돌리지 않게끔 하기 위해 미사곡들은 짧고 소박해야만 했으며, 또한 텍스트도 쉽게 이해할 수 있어야만 했다. 모차르트는 잘츠부르크의 전통에다가 자신의 모범이었던 안톤 아들가서(Anton C. Adlgasser), 미하엘 하이든과 부친 레오폴트의 스타일을 접목시켰다. 그들은 바로크 시대의, 다시 말해서 비교적 엄격하며 다성적으로 표현되었던 성당음악에서 비교적 소박한 형식으로의 변화를 준비했었다. 이러한 미사곡들의 표현은 로코코의 인생에 대한 명랑하고 자연스러운 느낌에 맞춰져 있었다. 그것은 그 이전의 장중한 경향들에서 해방되었던 확신에 찬 순수한 경건함이었다.

특히 키리에와 글로리아로 한정되는 짧은 미사곡인 〈미사 브레비스(Missa brevis)〉는 모차르트가 요구받은 것들을 구현해 낸 것으로, 특유의 친밀하고 신선한 언어와 결합시킨 것이다. 이 작품들은 미사의 끝 부분에 집중되어 있었으며 연주회 형식의 확장적인 것들을 피했다. 얼마 되지 않는 가사의 반복과 간결한 아리아와 단성적이며 모방적인 부분들의 혼합(여기서는 한 선율적인 형태가 다른 성부로 반복된다)과 그리고 솔로와 합창을 뒤따라가는 소박한 오케스트라의 반주가 등장하는 합창단의 합창은 전형적인 것이었다. 그렇지만 1775년에 나온 C장조 미사곡 KV262 또는 C장조 〈미사 솔렘니스(Missa solemnis)〉 KV337(1780년)과 같은 비교적 규모가 큰 미사곡들은 그것과 대조적이다. 이 두 미사곡은 대주교의 요구사항들을 무시한 것으로서 표현적인 면에 있어서 더욱 심오하며 또한 부분적으로도 더욱 극적이다. 음악적인 창작 수단을 대담하며 다양하게 사용했기 때문에 이것이 가능했다. 따라서 모차르트는 예를 들어 오래된 대위법적인 스타일과 공식적인 측면에서 원치 않았던 칸타타 미사곡의 '오페라와 같은' 형식에 의지했다. 칸타타 미사곡의 가사는 솔리스트와 중창과 합창으로 나뉘어 있었다. 주목할 점은 모차르트가 세속적인 장르(오페라, 교향곡, 협주곡)에서 유래한 그와 같은 수단들을 이용했다는 것이다. 이것은 무엇보다도 나폴리 오페라의 아리아 유형에 해당된다. 이런 유형은 주관적이면서도 감상적인, 또는 심지어 극적인 성격을 지니고 있으며, 그것은 콜로라투라 성악의 화려하고도 기교적인 장식의 도움으로, 또는 반음으로 이루어진 고통을 상징하는 선율의 도움으로 표현된다. 이미 많은 악장들은 소나타의 형식을 취하고 있으며, 이런 악장들은 때로 서로 대비되는 성격을 지닌 두 개의 주제를 음악적으로 처리하지만, 다른 악장들은 푸가의 형태로 만들어지거나 아니면 솔리스트적이며 협주곡적인 요소를 오케스트라의 반주 속에 집어 넣는다. 물론 오케스트라는 축제적인 분위기나 고상함 또는 극적인 것의 표현에 사용되며 오르간, 트럼펫, 트롬본, 큰북 등이 등장하는 대규모의 편성을 제시한다.

C단조 미사곡 KV427

1782~1783년

90쪽 참조 키리에, 글로리아, '베네딕투스' –상투스의 악장으로 이루어진 미완의 작품인 C단조 미사곡은 1782년 가을과 1783년 5월 사이에 나왔으며, 몇 가지 점에서 이전의 작품들을 능가한다. 이 작품은 등장하는 음역뿐만 아니라 표현의 강도와 깊이 그리고 음악적 창작 수단의 대범한 사용에 대한 관심을 보여 준다. 그 다성적인 구성, 즉 강렬한 기념비적인 성향은 바흐와 헨델의 영향을 받았음을 드러낸다. 실제로 모차르트는 1781년부터 이들의 음악에 집중적으로 몰두했다. 그 밖에도 이탈리아의 오페라에서와 같은 솔리스트의 탁월한 기량, 합창 파트와 솔로 파트의 뒤섞임, 합창과 음악적으로 독립적인 오케스

트라와의 대치 관계, 오래된 다성음악을 새로운 평면적 **다성음악**

인 작곡 방식과 결합시키려는 노력 등이 등장한다. 동시

에 이 미사곡은 특히 교향곡적으로 완전하게 형성된 표

현 양식으로 인해, 즉 중요한 모티프와 테마의 일관적인

음악적 진행으로 인해 미래의 방향을 제시한다.

키리에에 나오는 축제적인 분위기의 기념비적인 합창의

등장, 깊은 고통의 반음계, 격앙된 압박 등은 이전 미사

곡의 기법을 훨씬 넘어선 것이다. 솔로 소프라노의 편안

한 선율이 감동을 주는 'Christe eleison' 악장의 중간

부분은 이런 것과는 대조적이다. 이어 등장하는 상승하

고 있는 삼화음의 테마가 거대한 푸가의 출발점이 되는

글로리아는 전체 합창과 관악기의 소리로 활기차게 시작

한다. 이 작품의 정점에는 탁월한 기량의 'Laudamus'

와 축제적인 분위기의 'Gratias agimus' 뒤이어 등장

하는, 부점이 붙어 있는 현악기의 음형을 통해 강력한

표현력의 합창으로 상승하는 'Qui tollis'가 있다. 이 악

장은 계속해서 폭넓게 연주되는 푸가인 'Cum sancto

spiritu'로 이어진다. 이것은 새로워진 많은 모방 기술

로 인해 바흐와 헨델을 연상시킨다. 계속해서 Credo는

엄청난 빛을 발하는 5성부의 시작 합창으로 매력적이

다. 이어 등장하는 소프라노의 아리아 'Incarnatus'는

(관악기가 반주하는 8분의 6박자) 다시 한번 더 이탈리아 오

페라를 연상시킨다. 축제적인 분위기의 이중 합창의 Sanctus는 마지막 절정을 형성한다. 이어서 'Osana' 의 합창푸가, 시적인 감동을 주는 'Benedictus' 의 4중주와 끝으로 'Osana' 의 반복이 등장한다.

D단조 레퀴엠 KV626

1791년, 미완성, 프란츠 쥐스마이어(Franz X. Süßmayr)와 프란츠 프라이슈태틀러(Franz J. Freystädtler) 그리고 요제프 아이블러(Joseph Eybler)에 의해 완성

119쪽 이하 그리고 217쪽, 220쪽 참조 모차르트가 1791년 7월 프란츠 발제크 스투파흐 백작의 의뢰를 받고 자신이 죽기 바로 전까지(아마도 9월에서 12월 사이에) 작업을 했던 레퀴엠은 그의 가장 유명한 작품에 속한다. 이 작품은 죽음의 전능함을 알려 주고 있으며, 우울함과 암울함, 불안함으로 가득 차 있다. 끝날 때쯤 나오는 Sanctus와 결정적인 Agnus Dei에서는 위로와 희망과 변신의 음색들이 뒤섞여 있다.

1791년 여름에 나온 모테트 〈Ave verum corpus〉는 이미 모차르트가 이제 자신의 교회음악을 위한 더욱더 중 **새로운 표현 양식** 요한 새로운 표현 양식을 얻으려고 노력한다는 점을 분명히 보여 준다. 그렇지만 레퀴엠의 강한 감동을 주는 효과는 끝까지 이 작품에 집중했던 모차르트가 바로 자기

자신의 종말을 보게 되었다는 것 정도로 이해되고 있다.

레퀴엠은 장엄한 방식으로 예전의 음악의 요소들(바흐의 푸가 기법과 헨델 식의 모티프 불러내기)을 새로운 고전주의적인 표현 양식(테마와 관련된 작업)과 오페라(극적인 성격), 그리고 프리메이슨의 정신(바셋 호른과 음조의 상징성)과 결합시키고 있다. 때문에 이 작품이 얼마나 정확하게 처리되는지가 특히 강조되는 것이다. 예를 들면 이미 시작의 D-C#-E-F 음형은 거의 모든 악장들에서 반복되고 있으며 내면적인 폐쇄성을 만들어 낸다. 이것 말고도 악장들을 지배하고 있는 수많은 모티프와 완벽할 정도로 철저하게 생각된 우선적인 음조의 배치 계획이 등장한다. 역동적인 상승과 대담한 화음, 레퀴엠에 지속적이며 암시적인 표현을 가져다 주는 예리한 반음계(半音階)가 바

레퀴엠을 작곡하는 모차르트, 그랜트 작품(19세기 중엽)

전체 작품은 내게 마치 비상할 정도의 개인적인 설명과도 같다. 일반적으로 자신의 개인적인 인생과 경험이 두드러질 정도로 자신의 예술과 분리되어 있던 그런 작곡가에게는 끔찍하며 떨리는 것이다. 기악의 전주곡은 저음과 고음의 현악이 교대로 등장하는, 마치 흐느끼는 듯한 (모차르트의 음악에 있어서 우는 것을 묘사하는) 음형을 연주해 나가는 장송가와 (바셋 호른과 파곳) 같다. 이러한 고요한 비통함은 일곱 번째 소절에 등장하는 트롬본과 트럼펫 그리고 큰북의 포르테 연주를 통해서 산산이 찢겨 나간다. 죽음은 관대한 친구일 뿐만 아니라 공포스러운 심판으로 향하는 발걸음이기도 하다. 여기서 나는 처음으로, 아마도 모차르트 자신처럼, 마치 공식적인 미사에 사용되는 가사가 아주 개인적이며 가슴 뛰게 하는 설명이 된다는 점을 느끼게 되었다. 죽음을 누구나 한 번은 만나게 된다. 그러나 그것은 바로 내가 된다!

니콜라우스 아르농쿠르, 레퀴엠에 관하여, 아르농쿠르,
2001, 288쪽

로 그런 모습이다.

1부인 Requiem aeternam은 바셋 호른과 파곳의 어둡고 우울한 소리로 시작한다. 이어서 절망적인 탈출로 상승하는 합창은 엄격하고 냉엄하게 이어진다. 강력한 이중의 푸가인 키리에는 저음의 합창으로 시작한다. 쉬지 않고 쫓기는 대립적인 테마가 뒤를 이어 등장한다. 현악기의 거칠게 움직이는 음악을 배경으로 Dies irae는 폭풍처럼 등장한다. 'Tuba mirum'의 트롬본은 재판을 요구한다. 합창의 외침인 'Rex'(죄지은 사람들의 절규)는 남성과 여성의 목소리로 그리고 마지막에는 전체의 합창으로 반복되는 탄원적인 'Salve'로 이어진다. 오로지 한 번, 서정적인 'Recordare'에서 희망의 소리가 들리지만, 'Confutatis'의 합창에서 벌써 불안과 공포가 다시 우위를 점한다. 강력하게 상승하고 있는 크레센도의 합창으로 우울한 분위기의 'Lacrymosa'는 끝을 맺는다. 그런 다음 Offertorium은 새로운 선택을 불러낸다. 저승의 모습을 불러내는 'ne absorbeat'라는 말과 천사장 미하엘의 호출과 엄격할 정도로 형태가 오래된 푸가 'Quam olim'과 마지막으로 시적이며 깊은 신앙심의 'Hostias'가 모테트처럼 준비된 'Domine' 다음에 이어진다.

축제적인 분위기의 밝은 장조로 주도되는 Sanctus와 친밀한 'Benedictus' 그리고 소박한 Agnus Dei로 끝을 맺는 레퀴엠의 종결부 대부분은 모차르트의 제자 프란츠 쥐스마이어가 맡았다.

영향

Wirkung

반대자와 지지자(1800년까지)

하이든이나 카를 디터스 폰 디터스도르프와 같은 동시대 인물들과 비교해 볼 때, 모차르트는 인생을 통틀어 유명하고 인기를 누렸던 작곡가는 결코 아니었다. 처음엔 음악 신동이라는 명성을 얻었으며, 잘츠부르크에서는 궁정음악가로 또는 아마추어 음악가들을 위한 기악곡을 작곡하는 궁정작곡가로 알려졌고 빈에서는 주로 피아니스트로서, 다시 말해 자기 자신의 작품을 연주하는 예술가로 알려졌다. 그러나 자신의 음악을 통해 보다 수준 높고 감동적인 메시지를 이야기하는 '고백적인 음악가' 로 성숙한 순간부터, 즉 그의 작품들이 점점 더 정신적인 특성을 띠게 된 순간부터 그에 대한 관심은 피부로 느낄 수 있을 정도로 줄어들었다. 빈의 관객들은 모차르트의 음악이 너무 무겁고, 일반적인 틀에서 지나치게 벗어나 있다고 생각했으며, 〈피가로〉에서 〈티토 왕의 자비〉에 이르는 위대한 오페라들 역시 복잡한 구조뿐 아니라 위험하고 도발적인 내용 때문에 부분적으로 비난을 받았다. 모차르트의 음악이 "너무 무겁다"라는 말은

"너무 무겁고 너무 벗어나 있다"

바로 그와 알고 지내던 빈의 출판업자인 프란츠 호프마이스터가 한 것이었으며, 또한 그는 모차르트가 좀 더 "대중적으로" 작곡해야만 한다고도 이야기했다. 그렇지 않으면 자신은 더 이상 모차르트의 어떤 작품도 출판할 수 없다고 했다. 하이든, 베토벤 그리고 크게 이름을 빛내지 못한 많은 작곡가들과 비교해 볼 때 모차르트의 작품 출판은 생전에는 별 볼일 없었다. 그가 사망한 1791년까지 고작 세 편의 교향곡과 여덟 편의 피아노 협주곡 그리고 다양한 피아노곡과 실내악곡, 몇몇 오페라에서 발췌한 피아노 선집만이 출판되었을 뿐이다.

모차르트의 이른 죽음은 의혹을 불러일으켰으며, 결국 성공과 실패를 똑같이 예약했던 모차르트는 당시 공개적이며 아주 호의적인 주목을 받고는 있었지만, 그러나 그 이상은 아니었다. 《비너 차이퉁(Wiener Zeitung)》은 1791년 12월 7일, 모차르트가 "가장 위대한 대가의 단계로 올라섰다"는 찬사를 실었으며, 바로 며칠 뒤 모차르트 명성의 본거지라 할 수 있던 프라하에서는 "그의 죽음은 보상받을 길이 없다. …… 모든 대가들 위에 있는 한 대가를 만들어 내는 일이 이루어지기 위해서는 수백 년이 필요할 것이다"(그루버, 1987, 19쪽 이하)라는 말이 나왔다.

모차르트가 사망한 뒤 그의 명성을 높였던 첫 번째 인물은 연주 여행과 자서전의 판매를 통해 남편 모차르트의 작품을 널리 알리려고 노력했던 미망인 콘스탄체였다. 또한 그녀는 캐르트너토어테아터 또는 부르크테아터에서 그리고 그라츠에서 연주회를 주관했으며, 1794년에는 프라하를 방문하고, 1795년에는 라이프치히 소재의 음악출판사 브라이트코프와 해르텔(Breitkopf & Härtel)과 오펜바흐에 사는 요한 안드레(Johann André)와 접촉한다. 이것으로 요한 안드레는 1800년 모차르트의 자필 유작을 손에 넣는다.

모차르트의 인지도가 그의 사망 이후 몇 년 만에 강력하게 증가한 것은 〈마술피리〉의 영향이 아주 컸다. 오스트리아에서뿐만 아니라 독일 전역에서도 커다란 관심을 불러일으킨 이 작품은 19세기 초반까지 85개 도시에서 공연된다. 이어서 〈피가로〉, 〈돈 조반니〉, 〈코지 판 투테〉 그리고 후기 교향곡과 피아노 협주곡, 현악4중주 등의 작품들이 공연된다. 이로 인해 모차르트라는 이름은 점점 더 유명해진다. 모차르트의 편지와 그에 대한 보도 및 평론 등이 발표되면서 모차르트의 매력은 더욱 증폭되었다. 예를 들면 베를린에서 발간되는 《음악잡지(Musikalische Monatsschrift)》는 1792년 11월호에서 〈돈 조반니〉에 대해 말하면서 이 오페라에 등장하는 "각각의 아리아는 파이시엘로(Paisiello)의 오페라 전부를 합한 것보다도 더 많은 내재적 가치를 지닌다"(그루버, 1987,

56쪽)라는 찬사를 실었다. 모차르트의 예술로부터 영향을 받은 인물들 중에는 멀리 바이마르에서 극장을 이끌고 있던 괴테가 있었다. 괴테의 관심은 징슈필이라고 하는 장르에 있었기 때문에, 〈후궁으로부터의 유괴〉에 먼저 관심을 보였다. 그러나 이 작품에 매료된 그는 계속해서 〈마술피리〉와 〈피가로〉 그리고 〈돈 조반니〉에 대해 연구했다. 〈마술피리〉에서 그는 특히 작품에 등장하고 있는 인도주의적인 주장을 높이 평가했을 뿐만 아니라 〈마술피리〉를 《파우스트》와 비교했으며, 심지어 이 오페라의 2부를 작곡하려고까지 했다. 그렇지만 그것은 완성되지 못했다.

1793년 높은 수준의 학자였던 프리드리히 폰 슐리히테그롤(Friedrich von Schlichtegroll)이 모차르트에 관한 첫 번째 전기를 저술한다. 그에게 있어서 모차르트는 인간에 관한 계몽주의 이상(理想)의 화신이었다. 그는 모차르트의 인간적 정신과 측정할 수 없는 무한한 이상 그리고 음악적인 보편성을 찾아내고는 감탄했다. 슐리히테그롤의 전기는 모차르트에 관한 첫 번째 공개적인 토론을 유발했다. 작곡가와 지휘자들 그리고 평론가들과 같은 음악전문가들은 당시 주도적인 위치에 있던 《Allgemeine musikalische Zeitung》에 작품 비평을 기고했으며 미학적 비교를 주도했다. 그렇지만 판단은 제각각이었고 모차르트 식의 음악을 반대하는 사람과 지지하는 사람이 모두 존재했다. 비판은 엄청났다. 모차르트에 대한 비판은 작품에 빠져 있는 표현 양식의 통일성을 겨냥했으며, 장르의 표현 양식적 순수함과 배치된다고 비난했다. 두 번째 비난은 관객들이 소화하지 못했던 음악적 생각의 다양성을 겨냥했다. 그리고 그러한 의도 때문에 사람들이 음악을 총체적인 아름다움으로 받아들일 수 없게 된다고 비난했다. 또한 그 다양성은, 1755년 요한 빈켈만 (Johann J. Winckelmann)이 고전주의의 나아갈 길이라고 주장했던 "고상한 단순성과 조용한 위대함"의 원칙과 모순되며 부자연스러울 뿐만 아니라, 음악애호가가 즐거워할 수 있는 그런 마음의 표현이 아닌 배운 사람들을 위한 이성적인 산물이라는 것이다. 따라서 당시 인기 면에 있어서 모차르트를 훨씬 능가했던 작곡가인 디터스도르프는 비록 모차르트의 다양한 생각에 매료되었지만, 그것을 사용하려고 하지 않았을 뿐만 아니라 한 음악적 생각이 다음 생각을 대체해 나가지 않기를 원했다. '뒤죽박죽의 표현 양식'과 '다양성'에 대한 비난을 위해 너무나도 대담하게 사용된 창작

"뒤죽박죽되어 있는 표현 양식" 그리고 **"너무 많은 생각"**

> 큰북과 트럼펫, 트롬본과 프렌치 호른, 클라리넷과 파곳, 오보에와 플루트, 콘트라베이스와 첼로 등의 모든 악기는 성악 파트가 아닌 불쌍한 바이올린에 전쟁을 선포한다.
>
> 요한 샤울(Johann B. Schaul), 비평가이자 1809년 출간된 《음향예술에 관하여》의 저자, 샤울, 1818, 56쪽

"너무나도 대담하게"

수단에 대한 비판이 등장했다. 이것은 특히 독립적인 테마의 성격을 갖추고 있는 관악기 등의 반음계로 처리된 선율을 겨냥했다.

비판도 많았지만 지지자의 숫자 역시 늘어났다. 모차르트를 옹호하는 사람들의 공로는 세 가지의 주요 비판 쟁점들을 기준에 대한 위반이 아니라 대범한, 즉 아주 불가피한 발전으로 해석하려고 했다는 데 있다. 모차르트 **최초의 지지자들** 에 대한 최초의 전기 작가군에 속하는 프라하 대학의 감독 프란츠 니메체크(Franz X. Niemetschek)는 "최고의 작곡 기술과 매력과 우아함"(니메체크, 1808, 72쪽)의 결합, 즉 학문적이며 감상적인 스타일의 혼합에 대해 이야기했다. 동일한 것이 '다양성'에도 해당된다. 이것은 (긍정적인 의미로) 여태까지 전혀 없었던 미증유의 음악적 상상으로 모차르트에게 있어서는 모든 장르에, 즉 오페라에서 소박한 가곡에 이르기까지 등장한다고 했다.

《Allgemeine musikalische Zeitung》의 편집자이자 음악비평가인 요한 로흐리츠(Johann F. Rochlitz)는 자신의 논문 〈라파엘과 모차르트(Raphael und Mozart)〉에서 이것을 입증했다. "착상의 풍부함은 …… 바로 라파엘과 모차르트의 가장 고유의 것이다. 바로 그것을 통해 그들은 지금의 그들이 된 것이다."(데무트(Demuth), 1997, 65쪽) 간단히 말해 지지자들은 모차르트의 작품들에서 다양성뿐만 아니라 통일성까지를 발견하고 있다. 니메체크는 모차르트의 전기에서 다음과 같이 적고 있다. "여기서 어떻게 한 소리가 다른 소리를 휘감는가? 이 소리들은 얼마나 아름답게 매력적인 통합을 만들어 내는가, 즉 하나의 새로운 화음을 나오게 하는가? 그렇지만 모든 사람들은 오로지 자신이 자주 접하게 되는 감정만을 이야기할 뿐이다! 여기에서 가장 큰 다양성과 가장 엄격한 통일성이 하나가 된다."(니메체크, 1808, 76쪽)

고전주의자인가 아니면 낭만주의자인가?
(1800~1830년)

유럽에서 19세기는 커다란 경제적 어려움들을 (1811년 오
스트리아 국립은행의 도산) 유발한 나폴레옹의 전쟁과 함께
시작됐다. 이로 인해 오스트리아의 문화 상태는 끔찍했
다. 연주회장과 오페라 극장들은 텅 비었으며, 특히 당
시 종교적인 후작령(侯爵領)의 종식을 맞이하고 있던 잘
츠부르크도 무기력한 상태로 빠져들었다. 이러한 상황
에서 특이했던 것은 모차르트라는 이름이 한 잘츠부르
크 신문에 막 등장하기 시작했다는 점이다. 빈에서 활동
하던 프란츠 슈베르트는 1816년 한 연주회를 감상하고
난 뒤 일기에 다음과 같이 기록한다. "모차르트 음악의
마법 같은 소리는 저 멀리서 나지막하게 울려 퍼지는 것
같았다. …… 그 소리는 세속적인 삶의 어두움 속에 있
는 우리들에게 밝고 환하고 아름다운 머나먼 곳을 보여
준다."(도이치(Deutsch), 1980, 43쪽)

**외국에서의
모차르트
오페라들**

오스트리아의 문화생활이 위기에 빠져 있는 동안에도
모차르트의 작품은 이미 외국으로 발을 넓히고 있었다.
특히 그의 오페라들이 독일에서뿐만 아니라 다른 나라

들에서도 명성을 높여 갔다. 이들 작품 중에서도 〈마술
피리〉는 처음에는 헝가리와 폴란드, 보헤미아에서 그리
고 나중에는 영국과 프랑스, 이탈리아에서 공연되었다.
이어 〈후궁으로부터의 유괴〉와 〈피가로〉, 〈돈 조반니〉,
〈티토 왕의 자비〉가 뒤를 잇는다. 이 작품들은 북부유럽
에까지 이르는 유럽의 각 도시들을 정복해 나가기 시작
한다. 모차르트의 기악곡은 그다지 인기 있지는 않았고,
레퀴엠을 제외한 다른 미사곡 역시 들을 수 있는 기회가
많지 않았다. 레퀴엠은 독일의 청중들에게 국가적인 존 **202쪽 이하 참조**
엄성의 분위기를 불러일으켰으며, 또한 계속해서 낭만
주의적인 상상에 초점이 맞춰지고 있었다. 1803년 독일
의 시인 프리드리히 고트리프 클롭슈토크(Friedrich G.
Klopstock)의 장례식에서 레퀴엠이 연주되었다. 몇 년 뒤
에는 1801년 사망한 루이제 폰 멕클렌부르크 슈베린 공
작부인의 추도식에서도 연주되었으며, 나중에는 베토
벤, 쇼팽 같은 작곡가들을 위해서도 연주되었다.
1830년대에는 모차르트의 작품이 인쇄된 악보에 대한
관심 역시 엄청나게 증가한다. 독일과 빈, 파리와 런던
의 수많은 출판사들이 모차르트의 작품들을 출간했다.
최초의 오페라 총보들이 나오고, 1810년까지는 후기 교
향곡들과 중요한 관악 협주곡들 그리고 세레나데와 디
베르티멘토 등의 악보들이, 1820년까지는 잘 알려져 있

는 실내악 작품들이 출판되었다. 수기 유고를 구입했던 요한 안드레 출판사는 모차르트 때문에 독일에서 주도적인 음악출판사로 성장했다. 그러나 17권으로 이루어진 호화로운 작품 선집으로 최초의 대규모 모차르트 판을 내놓은 것은 유명한 브라이트코프와 해르텔 출판사였다. 모차르트 지지자들의 공로는 모차르트의 고전주의적인 모습의 토대를 만들어 냈다는 것이다. 이때 나온 가장 유명한 출판물로는 1798년에 나온 니메체크의 전기 《나는 모차르트를 알았다: 카펠마이스터 볼프강 고트리프 모차르트의 인생(Ich kannte Mozart. Leben des K. K. Kapellmeisters Wolfgang Gottlieb Mozart)》였다. 이 책은 처음으로 모차르트를 고전주의자로 그려 내는 데 성공한다. 니메체크는 대략 1780~1827년의 시기를 포괄하는 음악적 고전주의의 개념을 규정했던 사람들 가운데 한 명이다. 그에게 있어서 고전주의 예술작품으로 명시해야만 하는 기준들은 완벽함과 전형적 성격과 시간을 초월한 타당성이었다. 이러한 개념이 확산되고 모차르트가 음악적 고전주의 구상의 구성 요소이자 고전주의의 중심이 된 것은 니메체크 덕분이었다. 그를 통해서 '고전주의적 아름다움'이라고 하는 이상(理想)이 구체적인 모습을 띠게 된 것이다.

30년 뒤인 1828년 콘스탄체 모차르트의 두 번째 남편인

**프란츠 X.
니메체크**

**고전주의자로서의
모차르트**

게오르크 니콜라우스 니센의 전기가 발표된다. 무차별적이긴 하지만 편지와 동시대의 증언들을 포함한 자료들을 충실히 수집한 전기였다. 이 시절 모차르트를 단순하게 작곡가로 부르는 목소리들이 점점 더 많아졌다. 다른 작곡가가 그의 음악을 어느 정도, 훨씬 더 능가한다는 말도 있었다. 모차르트 이전의 음악은 단순히 '선사시대'의 음악이기 때문에 당연히 쇠퇴일 수밖에 없다는 말도 있었다. 슈베르트와 요한 네포무크 훔멜(Johann Nepomuk Hummel) 그리고 루이스 스포르(Louis Spohr)와 프란츠 단치(Franz Danzi) 같은 주도적인 동시대 작곡가들은 모차르트를 모범으로 삼았고 숭배했다. 그들은 모차르트 음악의 완벽함과 테마의 다양성 그리고 테마와 모티프를 처리하는 대범함을 통해 표현되는 음악적 풍부함에 감탄할 뿐만 아니라 독일적인 감정의 심오함과 이탈리아풍의 칸타빌레 형식 그리고 프랑스적인 우아함의 혼합에도 감탄한다. 그렇지만 이런 사람들 말고도 이 시대의 모차르트 모습에 결정적으로 동의하는 그런 그룹도 등장한다. 그들은 낭만주의 작가들로 모차르트의 **낭만주의자** 음악 속에서 신비로울 뿐만 아니라 보다 높은 것을 향하는, 초감성적인 것을 향하는 천재성을 발견해 낸다. 그들 가운데 가장 유명한 사람은 호프만(E.T.A. Hoffmann)이며, 빌헬름 하인리히 바켄로더(Wilhelm Heinrich

Wackenroder)와 루드비히 티크(Ludwig Tieck) 그리고 아우구스트 빌헬름 슐레겔(August Wilhelm Schlegel)도 그런 그룹에 속한다. 그들에게 〈돈 조반니〉는 마력적인 열정이 실현된 작품이다. 〈주피터 교향곡〉은 카를 마리아 폰 베버(Carl Maria von Weber)에게는 위대하고도 강력했다. 그리고 장 파울(Jean Paul)은 마지막 교향곡들과 관련해서 "모차르트의 뇌운(雷雲)"(그루버, 1987, 98쪽)이라고 말했다. 그럼에도 불구하고 낭만주의자들은 대부분 레퀴엠에 매료된다. 호프만은 "어느 누가 (레퀴엠에서) 빛을 발하는, 그렇게 작열하는 헌신적인 작업에 감동되지 않을 수 있을까?"(호프만, 1924, 50쪽)라고 했다. 호프만은 하이든의 〈천지창조〉를 관통하고 있는 자연숭배적인 순진함에서보다는 레퀴엠에서 초월적인 것이 일어났음을 보다 심도 있게 공감할 수 있을 거라고 판단했다.

202쪽 이하 참조

그와 같은 매혹에 직면하면 모차르트가 문학에서 얼마나 빈번하게 묘사되는가에 놀라지 않게 된다. 가장 잘

어제 모차르트의 레퀴엠이 화려한 파쉬(카를 파쉬, 작곡가, 1736~1800)의 장례식에서 그의 노래학교에 의해 가르니손 성당(Garnisonkirche)에서 연주되었다. …… 많은 부분에서 모차르트의 뇌운이 닥쳐왔고, 다른 부분에서는 그의 나이팅게일과 같은 고운 소리가 울려 퍼졌다.

1800년 10월 8일 요한 G. 헤르더(Johann G. Herder)에게
보내는 편지, 장 파울, 1960, 2쪽

알려져 있는 문학작품은 E.T.A. 호프만과 알렉산드르 푸슈킨에게서 나왔다. 모차르트의 작품들은 호프만의 작품들 가운데 많은 곳에서, 예를 들면 그의 〈칼로트풍으로 쓴 환상의 이야기들(Fantasiestücken in Callots Manier)〉 또는 〈Kreisleriana〉에서 한 가지 역할을 하고 있다. 그의 1813년 소설 〈돈 후안(Don Juan)〉에서 모차르트의 〈돈 조반니〉는 줄거리의 중심에 서 있다. 1인칭의 화자는 〈돈 조반니〉의 공연을 참관하고 이 작품의 의미를 직관적으로 이해한다. 높은 신분으로 태어난 돈 후안은 한 여인에 대한 사랑에 깃들어 있는 신성(神性)적인 것을 얻기 위해 자신의 능력을 이용한다. 그렇지만 이러한 방법으로 평화를 찾으려는 희망은 깨지고 결국 권태감과 실망감이 그를 영원한 원죄 속으로 빠뜨린다.

푸슈킨 역시 자신의 1830년 작 희곡 〈석상 손님(Der steinerne Gast)〉에서 돈 후안의 모티프를 다루고 있다. 물론 돈 후안은 난봉꾼이 아니라 자기 자신과 세계 사이의 단절을 더 이상 진실로 받아들이지 않는 예술가였다. 따라서 이것은 전적으로 '낭만주의적인' 소재인 것이다. 2년 뒤에 나온 단막의 희곡 〈모차르트와 살리에리(Mozart und Salieri)〉에서 푸슈킨은 모차르트 작품의 내용보다는 오히려 그의 전기를 더 중요하게 생각한다. 여기서 그는 모차르트의 죽음을 따라다니는 커다란 전설

문학에 등장하는 모차르트

143쪽 이하 참조

하나를 끄집어낸다. 바로 (저자 자신도 확신한) 모차르트의 죽음이 독살이라는 것이었다. 푸슈킨은 살리에리와 모차르트를 서로 반대의 입장에, 한 사람은 열심히 노력하는 쪽에 그리고 다른 한 사람은 타고난 천재 쪽에 세워 놓는다. 자기보다 나이 어린 모차르트를 독살하기 위한 살리에리의 동기는 질투심이었다.

모차르트, 시대와 더 이상 맞지 않았다?
(1830~1900년)

하이든과 마찬가지로 모차르트 역시 '국가적인 재산'이
되었다. 그가 사망한 지 50주년이 되던 1841년 잘츠부
르크에서는 모차르트를 기념하기 위해 '돔 음악협회와
모차르테움'의 설립이 이루어졌다. 음악학교와 음악가
로 구성된 앙상블이 만들어진 것이다. 여기에 덧붙여 모
차르트의 생가에는 박물관이 들어섰다. 같은 해에 오스
트리아에서는 모차르트의 기념주간이 새로이 시작되었
다. 공식적으로 모차르트를 보존하기 위한 시대가 열린
것이다. 1869년 음악대학을 설립하고 그 밖에도 정기적
인 모차르트 주간을 도입하게 되는 '국제 모차르트 재단
(Internationale Mozartstiftung)'이 설립된다. 1880년에는
음악대학인 '모차르테움(Mozarteum)'의 기초 공사가 시
작되었다. 기념비들이 세워지고 화려하게 봉헌식이 거
행되었다.

1830~1860년대에는 초기 모차르트에서 사람들이 이미
감지했던 그런 이상적인 모습이 더욱 강력해진다. 사람
들은 그의 작품에서 고전주의의 특징들이 완전하게 발

휘되고 있다는 점을 발견한다. 그렇지만 그런 중에 새로운 기준들이 등장하게 되었다. 다시 말해서 이런 기준들은 철학과 미학 그리고 문학을 통해 음악의 고전주의, 즉 모차르트에게 전해진다. 헤겔과 다른 철학자들은 당대의 비참함을 한탄하며 모차르트의 음악 속에서 화해의 사상을 발견했다. '이상적인 모습'의 개념을 근본적

예술작품 속의
아름다움

으로 분석한 것도 헤겔이었다. 그에게 있어 이상적인 모습은 예술작품 속에서 아름다움의 개인적인 실현이었다. 음악 미학자들 역시 모차르트가 그 모범에 해당된다고 주장한다. 세 번째 순간은 카타르시스적인, 다시 말해서 인간의 영혼을 순화시키는 '정화적인' 예술의 사명을 강조하는 실러의 미학에 적용된다. 오토 얀의 전기

오토 얀

《W.A. Mozart(1856~1859)》에서 이러한 견해가 등장한다. "그것은 감각적인 아름다운 소리, 즉 형식의 아름다움만은 아니었다. 이러한 (지고한 행복의, 저자 첨가) 효과를 가져왔던 것은 완벽한 예술적인 하모니였다. 이것은 물론 청중들을 조화롭게 조율하고 정화시킨다."(얀, 1859, 4권, 269쪽) 이상적인 모차르트의 모습은 독일의 문헌학자인 얀의 전기에서 그 최고의 것을 보여 준다. 얀은 모차르트 음악의 고전주의적 특징들을 탁월하게 요약해 낸다. 헤겔처럼 그 역시 예술의 최고 임무를 아름다움에 대한 개인적인 표현으로 보고 있다. 이 전기의 이러한

학문적 특성은 수많은 자료를 고려한 역사적 사실의 묘사에서뿐만 아니라 음악적인 분석에서도 간과할 수 없는 것이다.

1850년 이후 기준을 제시하고 있는 두 번째 모차르트 연구가는 오스트리아의 음악학자이자 해박한 지식의 소유자였던 루트비히 리터 폰 쾨헬(Ludwig Ritter von Köchel)로, 그는 1862년 모차르트의 전 작품을 연대별, 주제별로 분류한 《Chronologisch-thematische Verzeichnis sämtlicher Tonwerke Wolfgang Amadé Mozarts》를 출간했다. 쾨헬 번호는 모범적이며 과학적인 작품번호로 통용된다. 1937년 이것은 음악학자이자 모차르트 전기 작가인 알프레트 아인슈타인(Alfred Einstein)에 의해 개정됨으로써, 새로운 연대추정이 등장하게 된다.

최초로 과학적인 방법을 기초로 모차르트의 음악에 작품번호를 붙인 루트비히 폰 쾨헬

그러나 모차르트에게서 나온 이상적인 모습과 개개인의 과학적 노력에도 불구하고 19세기 후반 들어 음악을 좋아하는 관객들의 모차르트에 대한 관심은 상당히 약해졌다. 예를 들어 리하르트 바그너와 자코모 마이어베어(Giacomo Meyerbeer)의 동시대적인 오페라들이 점점 더 중요해졌으며 베토벤과 멘델스존, 바르톨디 그리고 슈

바그너 등으로의 대체

만과 브람스의 교향곡과 협주곡들이 점점 더 사랑받게
되었다. 관객들의 취향은 변했으며, 보다 현대적인 음악
적 창작 수단을 환영했다. 예를 들면, 바그너 오페라의
끝날 것 같지 않게 흘러가는 선율과 표현에 있어 폭넓어
진 화음과 주악상(主樂想)의 테크닉 등이 그것이다. 교향
곡 작곡가들은 특히 점점 더 차별화되는 선율과 역동성
그리고 모티프적이며 테마적인 작업과 악장 구조를 이
용하는 표현 양식의 계속적인 발전에 더 이상 기여하지
못하고 있다. 프랑스 출신의 베를리오즈의 대편성 오케
스트라는 다채로운 기악 편성과 강력한 상승으로 활기
를 띠었으며, 프란츠 리스트 역시 자신의 화려한 테크닉
과 탁월한 기량으로 모차르트의 피아노 협주곡들을 연
주 목록에 끼워 넣는 데 기여했다.

그렇지만 예술미학 역시 더 이상 고전주의적인 이상들
을 떠맡지 못했다. 예를 들어 극작가인 볼프강 그리펜케
를(Wolfgang R. Griepenkerl)은 "미래의 예술"은 철학과
자연과학 그리고 정치를 함께 포함하는 현대에 적합하
게 되어야만 한다고 주장했다. 또한 리스트와 바그너,
베를리오즈를 옹호하는 진보적인 음악가들의 집단인
'새로운 독일'을 대표하는 사람들은 오페라와 교향시
(Sinfonische Dichtung)와 같은 동시대의 음악은 현대적
인 내용을 음악적으로 구체적으로 전환시켜야만 한다고

떠들어 댔다. 이런 모든 것에도 불구하고 아름다움에 대한 미학은 변했다. 모차르트는 부친에게 보내는 편지에서 음악은 "귀를 결코 괴롭혀선"(BA3, 162쪽) 안 될 것이라고 말했다. 그러나 19세기 중반을 넘은 시점에서 고전주의적 아름다운 소리라는 원칙은 더 이상 시대에 맞지 않았다. 모차르트의 오페라에 등장하는 '적당한 표현'에 대해 맹목적일 정도로 반대한 베를리오즈는 "모차르트에 대한 감탄은 끝나야 한다"고 주장했다. 이유는 "모차르트의 오페라들이 모두 똑같을 뿐만 아니라 그의 아름다운 냉정함도 피곤하며 짜증을 일으키기 때문이다!"(랜돈, 1991, 459쪽) 그리고 바그너 역시 처음에는 부정적이라는 의견을 제시한다.

선율적인 형식에 있어서 이탈리아 식의 견해에 훨씬 더 가까이 있었던 것은 모차르트였다. 그것도 자주, 거의 자연스럽게 그러한 진부한 악구를 만들어 내고 말았다. 이것은 우리에게는 그의 교향곡에 등장하는 악장들이 소위 만찬용의 음악처럼 보인다. 다시 말해서 매력적인 선율의 연주와 대화에 어울리는 매력적인 소음 사이의 중간쯤 되는 그런 음악처럼 보인다. 모차르트 교향곡에 등장하는 아주 안정적으로 반복하며 요란하게 펼쳐 나가는 중간의 종지부들은 최소한 내게는 마치 제후의 식탁에 있는 급사의 소리가 음악으로 바뀐 것처럼 들린다.

《미래의 음악(Zukunftmusik)》에서 하이든과 모차르트의 교향곡 성격을 비교하는 리하르트 바그너, 바그너, 1914, 40쪽 그럼에도 불구하고 의견들은 나뉘었다. 모차르트가 점점 등한시되고 그의 작품들이 그다지 자주 연주되지 않는다는 사실 때문에 전통주의자들은 모차르트를 '탁월한 고전주의자'로, 즉 순수한 '고전미를 갖춘' 아름다움의 대가로 승격시킨다. 특히 '새로운 독일'의 반대자들은 모차르트가 그런 아름다움을 갖추고 있다는 것을 알고 있었으며, 따라서 그들은 확실한 방법으로 그에게 폭행을 가한다. 이렇게 함으로써 그들은 그가 현대적인 노력을 하지 않았다는 주장을 한다. 이것은 물론 말도 되지 않는다. 모차르트를 '배제하려고 하는' 작곡가들의 상당수는 바로 그를 존경한 작곡가들이기 때문이다. 베토벤의 작품들뿐만 아니라 멘델스존 바르톨디 또는 슈만의 작품들은 최소한 그들의 초기 단계에서는 모차르트를 연상시키고 심지어는 막스 레거(Max Reger)와 리하르트 슈트라우스와 같은 상당한 시간적 격차가 있는 작곡가들까지도 모차르트를 모범으로 삼았다. 모차르트가 그들로부터 감탄을 자아냈다는 점은 1830년 이후의 기록에도 남아 있다. 쇼팽은 모차르트가 "탁월함을 조잡스러움과 구별하는 선을 넘기 위해" 자신을 결코 낮추지 않았다는 점을 높이 평가했다. 또한 리스트는 모차르트의 탄생 100주년을 맞아 음악적으로 반대되는 것들을 "아주 멋지게 결합시킨"(그루버, 1987, 192, 195) '가장 경탄할 만한 탄력성'을 칭찬한다. 모차르트에 대해 모순적으로 이야기하는 바그너는 단 한 번도 모차르트로부터 완전하게 벗어날 수 없었다. 따라서 그는 모차르트의 오페라에서 전도유망한 미래의 금지적인 것들을 발견한다. 작가들과 화가들 역시 모차르트에게 매료되었다. 아달베르트 슈티프터(Adalbert Stifter)는 그의 음악에 등장하는 위대함과 소박함의 동시성에 감탄했고, 유진 들라크루아(Eugène Delacroix)는 《미술사전(Dictionnaire des Beaux Arts)》에 대한 준비 작업에서 표현력의 깊이와 명랑함과 우아함을 하나로 만들어 낸 모차르트에 대해 기술했다. 그렇지만 이러한 인용구에서 나온 아주 진실한 것은, 좋은 의미의 것은 말하고 있다. 많은 사람들은 이제 점점 더 창백해지고 진부해져 가는 19세기 말엽의 모차르트의 모습만을 전달한다.

문학과 무대에서도 모차르트는 자주 등장했다. 이미 50편 이상의 희곡이 모차르트라는 인간에 집중했다. 그러나 특히 모차르트를 철저하게 다루고 있는 두 명의 작가가 있다. 키르케고르와 에두아르트 뫼리케(Eduard Mörike)였다. 키르케고르의 1843년에 나온 《이것이냐 저것이냐(Entweder-Oder)》는 한번 더 가장 극단적인 것을 감행할 준비가 되어 있는 돈 후안이라는 인물을 중심에 두고 있다. 돈 후안은 이 책에서 감각적인 독창성과

키르케고르와 뫼리케

102쪽 이하 참조

욕망, 반성이 없는 만족감의 화신이다. 뫼리케의 소설 《프라하로 여행 중인 모차르트(Mozart auf der Reise nach Prag)》(1855)는 무대가 쉰츠베르크(Shinzberg) 백작의 성으로 아주 다른 구상이다. 여기서 모차르트는 백작의 손님들에게 아직 완성되지 않은 〈돈 조반니〉를 들려 준다. 청중들 가운데 가장 예민한 오이게니(Eugenie)는 모차르트가 자신의 창조적인 열정을 너무나도 빨리 소모하는 모습을 보며 왠지 그가 일찍 사망할 것이라는 예감을 갖는다. 그렇지만 등장하는 주인공들을 결코 묘사하지 않는 소시민적인 이 소설은 부분적으로는 명랑하고 부분적으로는 사색적으로, 모차르트는 이 두 가지의 극단적인 것 사이에서 부유하는 예술가로 묘사된다. 그 예술가에게 인생은 유희와도 같은 것이면서 다시금 온전히 진지한 것이기도 했다.

통속 문학

물론 모차르트는 오늘날은 더 이상 읽을 수 없는 장편과 단편의 예술가 소설에 속하는 통속적인 문학의 대상이 되기도 한다. 이런 소설들은 교훈적인 것을 오락적인 것과 연결시키고자 하며, 성격 묘사의 기술이 부족한 인물화, 보도 기사와 진실을 왜곡하는 과소평가적인 내용을 담고 있는 일화 그리고 동일한 것이 셀 수도 없이 많은 모차르트 인물화를 내놓은 조형예술에도 적용된다. 이런 인물화들은 모차르트를 통속적인 신동으로, 웃고 있

는 달콤하고 감상적인 로코코 음악의 작곡가가 되기를
기다리는 태양의 청년으로도 표현한다. 19세기 말경 모
차르트의 평판은 종교적인 최저점에 도달한다.

진짜 모차르트를 찾기 위한 시도에 관해서
(20세기)

고전주의적이고 낭만주의적이며, 더 이상 '시대에 어울리지' 않으며 결국엔 로코코로 추방되어 버린 통속적인 모차르트가 나온 뒤 이제 이 작곡가가 겪게 되는 무력함과 혼란이 지배하게 된다. 그렇지만 새로운 세기는 개개인들의 덕택으로 수용(受容)의 역사를 불러일으킨다. 음악사가인 카를 크렙스(Carl Krebs)는 모차르트 탄생 150주년을 맞아 베를린 예술아카데미(Kunstakademie) 회원들 앞에서 강연하면서 모차르트의 질풍노도적인 성향에 영향을 받은 다른 작품들을 볼 때 "모차르트는 로코코의 작곡가"라는 견해에 반대한다고 밝힌다. 2년 뒤 음악학자인 헤르만 폰 데어 포르텐(Hermann von der Pfordten)은 자신의 저서 《모차르트》에서 모차르트 음악의 아름다움에 관한 피상적 생각을 비판한다. 게다가 고전주의적인 '아름다움'이 어떻게 로코코의 작곡가라는 모습과 하나가 될 수 있는가? 같은 시기에 또 다른 학자인 알프레트 호이스(Alfred Heuß)는 자신보다 수십 년 앞에 있었던 낭만주의자들처럼 자신이 특히 〈돈 조반니〉에서 발견했던 '마력적인 것'을 강조했다. 모차르트가 반란과 돌발적인 성향의 '표현 음악가'라는 점을 발견해 낸, 이제 막 태동하고 있는 표현주의 대표자들은 이것을 확인한다. 사람들은 그때까지 제대로 파악할 수 없었던 모차르트의 다층적 성격을 예감하기 시작한 것이다.

이제 학문의 목표는 모차르트의 실제 모습을 그려 내는 것이었다. 이미 19세기 말 음악연구가인 프리드리히 크리산더(Friedrich Chrysander)는 모차르트가 과연 언제나 독립적이며 신중한 천재였는가라는 문제를 제기한다. 포어클래식의 작곡가 요한 크리스티안 바흐와 만하임의 교향곡 작곡가들 그리고 질풍노도의 작곡가 요한 쇼베르트 등과 같은 사람들은 그를 그의 시대로 통합하려고 시도하고 있으며, 스타일의 방향과 그의 창작에 영향을 줄 수 있었던 개인적 특성들을 찾으려고 했다. 모차르트 사망 후 50년이 지나서 나온 오토 얀(Otto Jahn)의 전기에 등장하는 설명은 다음과 같은 질문을 받게 된다. 이런 것들이 비록 모차르트가 어떻게 고전주의자의 위치에 고정되게 되었는지에 대한 이해를 제공하고 있다고들 하지만, 모차르트가 예외적인 현상일 것이라는 생각은 일반적인 견해에 따르면 더 이상 유지되지 못할 것이다. 따라서 모차르트가 이전의 작곡가들과 과거의 음악적인 시대 양식에 의존했을 것이고 그의 주변 환경, 즉

**모차르트의
다층적 성격**

잘츠부르크 궁정뿐만 아니라 빈의 높은 귀족들에 종속적이었을 것이기 때문에 표현 양식 면에 있어서도 거기에서 요구되는 사항들을 따라야만 했을 것이라는 게 그 연구의 결과였다.

현재 모차르트의 작품뿐만 아니라 그의 개인적인 특성 또한 보다 정확하게 관찰되고 있다. 1913년에 발표된 〈모차르트: 그의 인생과 그의 작품(Mozart. Sein Leben und sein Werk)〉이라는 논문의 저자인 아르투어 슈리히(Arthur Schurig)는 영웅숭배를 포기하고, 비록 과장된 표현이긴 하지만, 모차르트를 교양이 부족하고 특징이 약한 '평범한 인간'으로 그려낸다. 그리고 1914년 루트비히 시더마이르(Ludwig Schiedermair)가 출판한 《모차르트와 그의 가족의 편지들(Briefe W.A. Mozarts und seiner Familie)》은 오래전부터 잘 알려져 있던 일화와 전설을 배경으로 하지 않은 모차르트를 볼 수 있게 해 주었다. 그러나 모차르트 특유의 이상적인 것에 대한 거부는 디오니소스적인 풍부한 감정으로 생활했기 때문이라는, 그리고 마력적인 것들에 몸을 내맡겼다는 모차르트의 또 다른 왜곡된 모습들을 창조했다.

헤르만 알베르트 20세기의 첫 번째 중요한 모차르트 전기는 1919년에 (2권은 1921년) 나왔으며, 음악사가인 헤르만 알베르트(Hermann Abert)가 저자였다. '모차르트'—오토 얀의

'모차르트'의 완전히 새롭게 개작되고 확충된 5판(W.A. Mozart. Fünfte, vollständig neu bearbeitete und erweiterte Ausgabe von Otto Jahns 'Mozart')-라는 겸손한 제목으로 묘사되는 이 작품은 모차르트의 완전한 인간성은 이제 당시 시대와 환경을 고려해서 등장하게 된다. 그는 이 작품에서 인생과 예술의 통합을 실제적으로 설명해내고 모차르트의 작품들을 그것들이 갖고 있는 표현 양식의 모범과 장르의 전통과 연관시켜 보여 주는 데 성공한다.

모차르트의 부활

20세기가 시작하면서 그동안 존재하지 않았던 모차르트에 대한 새로운 관심이 등장한다. 그 이유는 어쩌면 당연하다. 19세기 중엽과 말엽의 사상이 풍부하고 문제가 들어 있는 음악-특히 바그너의 음악-이 일부의 음악 애호가들에게서 분명한 혐오감으로 이어졌기 때문이다. 모차르트의 음악은 많은 사람들에게 엄숙한 바그너의 악극으로부터의 해방처럼 보였다. 구스타프 말러(Gustav Mahler)와 막스 레거(Max Reger) 같은 유명한 작곡가들은 모차르트에 대한 자신들의 존경심을 감추지 않았으며 슈트라우스 또한 모차르트를 미화하고 르네상스 운동을 일으켰다. 장년이 된 그는

> 우리는 정말 많은 모차르트를 가장 필요로 한다.
> 1914년 11월 8일 프리다 크바스트-호다프(Frieda Kwast-Hodapp)에게 보내는 편지, 막스 레거, 1973, 1쪽 이하

자신이 모차르트로부터 받았던 느낌들을 작곡과 연관지어, 1945년에 나온 그의 두 번째 오보 협주곡에서 변화시키는 데 성공한다. 이에 반해 슈트라우스의 오페라 몇 편의 대본을 담당했던 호프만스탈(Hofmannsthal)에게 있어서 모차르트는 '먼 곳의 이상'으로, 더 이상 도달할 수 없는 그런 존재였다. 그는 "모차르트로의 회귀는 그리스인들로 돌아가는 것과 같은 그런 불가능한 것이다"라고 썼고, 1920년 취리히에서 거행된 베토벤에 관한 한 강의에서 모차르트의 작품들을 "새 골동품처럼 아름답고 이해할 수 있지만, 새 것보다는 덜 만져진 마치 깨끗하게 청소된 중고 골동품(zweite Antike)"(그루버, 1987, 242쪽, 243쪽)이라고 불렀다.

그런데 정치적 사건들은 18세기의 고전주의적 이상적인 것들과, 즉 모차르트라는 신화와 그 단적인 대립관계에 서 있었다. 제1차 세계대전으로 야기되었던 정신적인 충격은 대단했다. 비참함을 예술적으로 만날 수 있는 가능성을 제공한 곳은 여전히 전통과 전원의 도시였던 잘 **잘츠부르크** 츠부르크였다. 1920년 잘츠부르크 음악제(Salzburger **음악제** Festspiele)의 시대가 열렸다. 처음에는 리하르트 슈트라우스, 막스 라인하르트(Max Reinhardt), 후고 폰 호프만스탈에 의해 주도되었으며 연주회 부분은 지휘자 베른하르트 파움가르트너(Bernhard Paumgartner)가 주관했다. 나중에는 슈트라우스와 프란츠 샬크가 프로그램을 주관했으며 오페라 보존에 집중했다. 최고의 가수들과 브루노 발터(Bruno Walter)와 펠릭스 폰 바인가르트너(Felix von Weingartner) 같은 아주 저명한 지휘자들이 참여했다. 특히 당시의 독일에는 모차르트의 작품들이 강력하게 퍼지게 된다. 특히 〈돈 조반니〉와 〈마술피리〉 같은 위대한 오페라들은 새로운 연출이 시도되었으며, 이내 이런 작품들은 최고의 장소에서 공연되었다. 〈코지 판 투테〉 역시 부활하여 1925년부터 동유럽의 여러 국가에서 상연되었고, 〈이도메네오〉도 1931년부터 오스트리아, 독일, 영국, 벨기에, 스위스에서 연출되었다. 모차르트의 명성은 국제적으로 계속 상승했다. 하지만 곧 재난에 부딪히게 된다. 바로 나치의 등장과 제2차 세계대전이었다. 작가이자 파시스트였던 카를 크라우스(Karl Krauss)는 이미 모차르트가 선전 대상으로 악용될 수 있음을 예감했다. 모차르트는 독일 제국의 상징이자 국민의 단결을 위한 '인종적 순수함', '초인간성'을 위한 상징이었으며, 동시에 '퇴행적 예술'이자 '유대인뿐만 아니라 볼셰비키주의자들의 하위문화'였던 음악적 아방가르드를 막기 위한 저지선이었다. 1941년 모차르트 서거 150주년을 기념하기 위해 괴벨스는 축하의 연설문을 빈으로 보낸다. 여기서 그는 "우리 민족과 유럽 전체의 미

나치의 등장

래는 이렇게 위대한 독일의 음악예술가의 모습과 함께
서 있어야만 한다"(그루버, 1987, 258쪽)고 주장했다.

전후 수십 년간 진정한 모차르트를 찾기 위한 시도는 계
속되었고 그 작업은 매력적이었다. 모차르트의 삶과 작
품에 관한, 표현 양식의 문제를 분석적·미학적·역사
적 측면에서 다룬 전문서적은 점점 더 많아졌다. 이들의
결과는 비록 다양한 모습을 만들어 냈지만, 모차르트와
그의 작품을 정의할 수 있는 정확성도 함께 증가했다.
따라서 사람들은 오늘날 모차르트의 음악에 관한 유일
무이한 성격이 어디에 있는가에 서로의 의견이 일치한
다. 그것은 바로 그의 음악이 외형상 모순적인 특성들을
제시하고 있으나 이런 특성들은 드물지 않게 하나로 통
합된다는 것이다. 로코코와 감상주의 시대 그리고 질풍
노도의 특징들과 비극적이면서도 마력적인 것의 특징들
과 초월적이면서도 숭고한 것의 특징들을, 그러고 나서
는 다시 인간적인 것을 다 알고 있는 듯한 '눈물 속의 웃
음'과 일치시킨다. 하지만 그동안 접하게 되었던 자료에
도 불구하고, 즉 수많은 출판물에도 불구하고 아직도 여
전히 '위대한' 모든 연구 결과를 탁월하게 하나로 묶을
수 있는 모차르트의 연구서는 나와 있지 않다. 이것은
비록 모차르트의 복잡한 성격이 아주 다른 각각의 단편
들에 의해 많이 알려졌음에도 불구하고 아마도 사람들

이 모차르트라는 인물에 관해 여전히 속속들이 알지 못하기 때문일 것이다. 많은 작가들은 광고 효과가 있는 신간용 선전 문구 속에 새롭고 이목을 끄는 정보들을 약속한다. 그들은 자신의 저서가 모차르트의 비밀을 밝히고 있다고 선전하지만 이는 사람들이 모차르트를 이해하는 것을 어렵게 한다. 그 같은 출판물의 학문적 신뢰도는 각양각색이다.

20세기의 작가들 역시 모차르트라는 테마에 뛰어든다. 이 작업들 가운데 많은 것들은 통속적인 문학의 영역에 해당하는 것들이다. 가장 아름다운 저서들 가운데에는 1937년 출간된 안네테 콜브(Annette Kolb)의 명랑하면서도 진지한 감각의 전기가 있다. 이 책은 모차르트의 본질을 광범위한 도표로 전개해 나가는 민감한 방식으로 성공을 거두었다. 20세기의 위대한 음악연구가이자 알베르트 아인슈타인과 사촌이었던 알프레트 아인슈타인의 전기도 유명하다. 《모차르트 – 그의 성격과 그의 작품(Mozart. Sein Character, sein Werk)》(1947)이라는 제목의 이 책의 가치는 무엇보다도 신뢰감 있는 지식과 미적인 섬세한 감각에 있다. 그로부터 30년이 지난 1977년에는 성공적이지만 논란의 여지가 있는 볼프강 힐데스하이머(Wolfgang Hildesheimer)의 전기가 등장한다. 그는 모차르트의 미화와 단순화에 대한 반론을 내놓으며 자신이 바라보고 있는 대상에 거리를 두고 있는 낯선 시각을 지향한다. 그는 비참하며 굴욕적인 예술가의 존재를 불쾌하게 그리고 도발적으로 기술해 나가고 있으며 모차르트의 성격상 어두운 면들 역시 무시해 버린다. 모차르트의 생활환경과 그의 정신적 상태가 작품 속에 반영되지 않았다는 주장을 함으로써, 그는 독자들로부터 이러한 방법으로 진정한 모차르트에 보다 가까이 갈 수 있으리라는 환상을 빼앗는다.

힐데스하이머의 전기가 나온 2년 뒤인 1979년, 영국 출신의 극작가 피터 섀퍼(Peter Shaffer)의 각본 《아마데우스》가 출판된다. 이것은 모차르트라는 테마를 통틀어 가장 성공한 무대작품에 속한다. 주인공은 재주가 있으며 합리적으로 작업을 하지만 단지 평범한 작곡가에 불과한 살리에리였다. 그는 신이 자신에게 '절대음악'을 작곡할 수 있는 능력을 선사한다면 그에 대한 대가로 신에게 '품행이 방정한 생활'을 약속한다. 자신이 아닌 어린애 같은, 심지어 저속하기까지 한 모차르트가 신의 음악을 작곡한다는 사실에 침통해진 그는 모차르트를 적으로 생각하고 음모를 꾸며 마침내 그를 파멸로 몰고 간다. 그럼에도 불구하고 그의 명성을 나눠 갖기 위해 고령의 살리에리는 의도적으로 자신이 모차르트를 독살했다는 소문을 퍼뜨린다. 모차르트의 죽음에 얽힌 유명한 소문의 또 하나의 변형이다.

물론 영화 역사에서도 모차르트의 모습은 여러 번 변해 왔다. 먼저 1950년대에 들어설 때까지는 모차르트의 복잡하고 모순적인 성격이 빛을 발휘했으며 미화되었다. 후에 이 낭만적 호색한은 완전한 문제와 어두운 면을 지닌 인간에서 기인에 이르기까지 그 모습이 변한다. 최초의 무성영화 〈모차르트의 인생과 사랑과 고통(Mozarts Leben, Lieben und Leiden)〉(1921)의 뒤를 이어 한 편의 영화가 나치 시절에 나온다. 그것은 1942년의 〈신들이 사랑하는 자(Wen die Götter lieben)〉라는, '기계에서 뽑아낸 영화'로 모차르트의 알로이시아에 대한 불행한 사랑을 다루고 있지만 행복한 결말을 맞는 내용이다. 바로 콘스탄체와의 도피적인 만남이었다. 이 영화를 지배하는 저속적인 목가적 풍경은 허위이다. 1938년 오스트리아에 대한 병합 이후 모차르트는 여기에서 '게르만화가 돼 버린' 북방의 영웅이 된다. 〈내 인생이여 손을 건네라(Reich mir die Hand mein Leben)〉(빈, 1956)라는 영화 역시 '쓰지만 달콤한' 사랑 이야기로 이러한 영웅화의 방식을 다시 한번 더 밟는다.

그러다가 사실주의적인 서술 방식의 시대는 1975년 오리지널 원전의 도움으로 비판적으로 처리된 영화 전기인 《모차르트, 한 소년의 무대(Mozart, Szenen einer

영화 속의 모차르트

Jugend)》로부터 시작된다. 그 중심에는 7세, 12세 그리고 20세의 남자가 있으며, 그는 신동이 되기 위해 훈련을 받고 돈 버는 것에 어려움을 겪으며, 매일 부친의 엄격함에 맞닥뜨린다. 그렇지만 이 영화뿐만 아니라 장점과 약점 모두를 갖고 있는 모차르트를 보여 주는 다음 영화인 〈모차르트〉(1980)도 너무나도 냉정하며, 관객 입장에선 너무나도 진부하다. 밀로스 포먼(Miloš Forman)

아마데우스

이 1984년 피터 섀퍼의 작품을 제작한 유명한 〈아마데우스〉를 통해 비로소 모차르트의 전형적인 성격의 특성들 가운데 한 가지(불안한 충동과 도덕적인 책임감의 혼합)를 추적해 내는 데 성공한다. 프레드 머레이 에이브러햄(Fred Murray Abraham)과 톰 헐스(Tom Hulce)가 주인공으로 등장하는 이 모차르트 영화의 성공은 아마도 당시 젊은이들이 자신들의 음악 우상의 기행적 특성을 평가

**밀로스 포먼의 영화
〈아마데우스〉의
한 장면**

하길 좋아하던 1980년대의 자유롭고 비인습적인 생명
감을 배경으로 주인공 모차르트를 해석해 냈다는 데 있
을 것이다.

> 내 영화를 자세히 살펴보면, 나는 도처에서 아웃사이더를
> 발견한다. 나는 그들의 감정적인 중심에서 아웃사이더의
> 감정을 발견한다. …… 나는 헤어(Hair)의 모든 아웃사이더
> 를 발견하고, 래그타임(Ragtime)의 백인 세계의 흑인 남자
> 를, 〈아마데우스〉에서는 평범한 사람들 사이에서 천재를
> 발견한다. 그들은 스스로 닫힌 세계에 의해 거부되고 농락
> 당한다. 그들은 받아들여지기 위해 투쟁하며, 결국 이런 세
> 계에 그들의 특징을 각인시키는 데 성공한다.
>
> 밀로스 포먼, 플래시백, 기억들, 209쪽 이하

음반 방송 시대와 음반 산업의 시작과 함께 모차르트의 인기
는 다시 한번 더 강력하게 증가한다. 1925년과 1950년
사이, 세계 음반 사전에 따르면, 모차르트의 음악은 바
흐의 뒤를 이어 두 번째 위치를 차지하고 있었으며, 오
늘날까지도 모차르트의 음악은 주요 판매 품목이다. 예
를 들어 도이체 그라모폰(DG)의 경우 전체 클래식 CD
가운데 10.5%는 모차르트였다. 필립스(Philips)의 경우
모차르트 서거 200주년인 1991년에는 – 전집으로 – 판
매량의 25.8%였다! 그중 〈아이네 클라이네 나흐트무지
크〉와 〈마술피리〉, 그리고 여러 편의 피아노와 바이올린
협주곡 그리고 레퀴엠이 가장 큰 인기를 누리고 있다.
수많은 연주 목록들이 소비자들의 호감을 얻기 위해 경

쟁하고 있으며, 특히 연주가들의 서로 다른 해석으로 인한 경쟁은 엄청났다. 그러면서 모차르트의 음악은 점점 더 '천재적인 일반(allgemein geniale)'으로, 다시 말해 문외한을 매료시키는 음악으로 이해된다. 이것은 바로 포먼의 〈아마데우스〉 이후 모차르트에게서 비인습적인 천재를 발견했던 비교적 젊은 청중들에 의해 확인된다.

오늘날의 모차르트

오늘날 모차르트의 음악은 전 세계적으로 사랑받고 있
으며 지금까지 이렇게 높은 평가를 받은 적은 없었다.
그의 서열에는 의문의 여지가 없고, 그의 작품은 전통이
되었다. 오페라와 협주곡 연주 계획에 있어 언제나 우선
이다. 〈돈 조반니〉나 〈마술피리〉 같은 위대한 오페라는
점점 더 새로운 연출을 시도한다. 카를 뵘의 날렵한 스
타일에서부터 브루노 발터의 폭넓은 미식가적이며 중량
감 있는 이상적인 음향에 이르기까지 전 세계의 지휘자
들은 서로 다른 해석을 보여 주었다. 현재까지 매혹적인
모차르트의 연주가로는 영국 출신의 지휘자 찰스 맥커
라스(Charles Mackerras)와 원래의 성격을 조금도 훼손하
지 않으려고 하는 오스트리아의 니콜라우스 아르농쿠르
(Nikolaus Harnoncourt)가 있다.
모차르트의 정신적인 유산을 보전하기 위해 노력하는
세계적인 기관들이 있는데 이들 가운데 우선 '국제 모차
르테움 재단(Internationale Stiftung Mozarteum)'이 있다.
이 단체는 1917년에 설립된 '잘츠부르크 모차르테움 오

케스트라(Mozarteum Orchester Salzburg)'와 음악 아카데미 그리고 전 세계에서 온 젊은이들이 공부하는 연기 예술을 담당하는 '모차르테움', 콘서트홀, 도서관 그리고 모차르트 자료실 등으로 이루어져 있다. 이 단체가 주관하는, 매년 20만 명의 방문객들을 끌어들이는 잘츠부르크 음악제도 유명하다. 1951년 아우크스부르크에서 설립된 '독일 모차르트 협회'는 독일 전역에 많은 동호회들을 보유하고 있다. 잘츠부르크에서와 마찬가지로 이 단체도 모차르트 작품의 확산뿐 아니라 연구에 전념하고 있다. 그 외에도 매년 장소를 바꿔 가면서 열리는 '독일 모차르트 음악제'와 아우크스부르크에서의 '모차르트 음악주간'을 준비하고 있다. 그 밖에도 이 같은 참여와 관심이 유럽 전체에 걸쳐 널리 퍼져 있으며, 심지어 뉴욕과 부에노스아이레스에도 모차르트와 관련된 단체들이 있다.

숭배에 가까운 존경 오늘날 모차르트에 대한 거의 숭배에 가까운 존경은 그의 영향력을 여실히 보여 준다. 잘츠부르크의 유적지, 특히 모차르트의 생가(生家)는 수십만의 방문객들이 순례하는 성지가 되었다. 시내의 수많은 건물들은 모차르트와 관련되어 있다. 예를 들면, 레지덴츠나 성당 또는 미라벨 성의 대리석 강당이 그것이다. 이 도시에서, 즉 '확실한 무대'에서 모차르트의 음악뿐 아니라 그의 인

생에 대해 알려 주는 헤아릴 수 없이 많은 증거를 확인
할 수가 있다. 모차르트라는 이름으로 이렇게 관광이 활
성화된 곳도 없을 것이다. 관광회사들은 '음악의 나라
오스트리아'를 광고하고 있으며 기자들의 여행을 기획
하고 있다. 선박들은 모차르트의 이름을 달고 운항하고
있으며, '1991년 모차르트의 해'는 미국과 호주에까지
이 도시를 새롭게 알리는 강력한 수단이 되었다.

그 외에도 잘츠부르크의 후손들을 먹여 살리는 다른 산
업이 있다. 이도메네오−담배를 생산하는 담배 산업과
모차르트 시대의 남자 정장을 만드는 의류산업, 게다가
〈아이네 클라이네 나흐트무지크〉가 나오는 무수한 음악
상자 그리고 '쾨헬 번호'라는 이름의 요리책들, 흉상과
기념메달, 기념엽서 등등. 그리고 초콜릿 산업도 있다.
이미 19세기 말 모차르트 쿠겔이 처음 출시되었으며 아
몬드·누가 초콜릿 등이 있으며, 매년 약 1억 개 정도가
오스트리아에서 소비된다!

볼프강 아마데우스 모차르트 연보

1756년 1월 27일 볼프강 아마데우스 모차르트는 궁정악단의 바이올리니스트였던 레오폴트 모차르트와 안나 마리아의 7번째이자 막내로 잘츠부르크의 페르틀(Pertl)에서 출생했다. 모차르트의 누나인 마리아 안나 "발푸르가("나네를", 1751년 출생)는 이때 4살이었다.

1761년 최초의 작곡.

1762년 1월 12일 뮌헨으로의 첫 번째 연주여행. 9월 18일 빈으로의 여행, 이곳에서 남매는 10월 13일과 21일 마리아 테레지아 황후의 궁정에서 연주한다.

1763년 6월 9일 3년 반에 걸친 뮌헨, 아우크스부르크, 프랑크푸르트 암 마인, 브뤼셀을 거치는 서부 유럽 여행의 시작. 지체 높은 귀족들과 부유한 시민계급이 모인 가운데 왕의 궁정에서 연주. 11월 18일 모차르트 일가는 파리에 도착한다.

1764년 4월 23일 런던 도착. 4월 27일 남매는 조지 3세 앞에서 연주한다. 요한 크리스티안 바흐와의 우정. 최초의 교향곡 E플랫장조 KV16 완성.

1765년 7월 24일 벨기에와 네덜란드로 여행 계속. 가을, 남매는 장티푸스로 심하게 앓는다.

1766년 3월 11일 암스테르담에서 출발하여 파리, 제네바, 취리히, 뮌헨을 거쳐 귀국. 11월말 잘츠부르크로 귀향.

1767년 작곡가로서의 이른 성공. 모차르트는 오라토리움 제1 계명의 의무 KV35의 1막과 아폴로와 히아킨토스 KV38을 작곡한다. 9월 11일 두 번째의 빈 여행. 10월 23일 모차르트 일가는 역병을 피해 올뮈츠로 피신한다 그럼에도 불구하고 남매는 감염된다.

1768년 빈에서 오페라 부파 La finta semplice가 음모로 인해 공연 되지 못한다. 가을, 징슈필(歌唱劇) 〈Bastien und Bastienne〉가 사적(私的)으로 공연된다.

1769년 1월 5일 잘츠부르크로의 귀향. 11월 14일 모차르트는 잘츠부르크 궁정악단의 제3의 (여전히 무급(無給)의) 콘체르트마이스터로 임명된다. 12월 13일 모차르트 부자는 최초의 이탈리아 여행을 시작한다.

1770년 여행은 베로나, 밀라노, 볼로냐, 피렌체, 로마를 거쳐 나폴리에 도착한다 5월 14일 이탈리아 음악 무대와의 만남과 공식적인 출연. 7월 5일 교황 클레멘스 16세는 모차르트를 "황금 박차의 기사"로 임명한다. 10월 9일 모차르트는 아카데미아 필라모니카의 회원이 된다. 12월 26일 오페라 〈Mitridate, re di Ponto〉가 밀라노에서 초연된다.

1771년 5월 28일 잘츠부르크로의 귀향. 8월 13일 두 번째 이탈리아 여행의 시작. 12월 15일 모차르트 부자는 잘츠부르크에서 다시 만난다.

1772년 5월 14일 히에로니무스 콜로레도 백작이 잘츠부르크의 영주겸 대주교가 되면서 모차르트의 후견인이 된다. 8월 21일 모차르트는 이제 유급의 콘체르트마이스터로 임명된다.

10월 24일 세 번째 이탈리아 여행의 시작. 12월 26일 〈Lucio Silla〉가 밀라노에서 초연된다.

1773년 3월 13일 잘츠부르크로의 귀향. 7월 중순~9월 말 세 번째의 빈 여행 안정된 직장을 얻으려는 노력이 좌절된다.

1774~1775년 차분하면서도 바쁜 특히 잘츠부르크에서의 창작 시기 모차르트는 이때 비교적 많은 교향곡들을 작곡한다. 12월 6일 모차르트는 부친과 함께 뮌헨으로 떠난다. 이곳에서 1775년 1월 13일 〈La finta giardiniera〉가 초연된다. 1775년 후반기에 5편의 바이올린 협주곡이 나온다.

1777년 9월 23일 모친과 함께 뮌헨, 아우크스부르크를 거쳐 만하임에 이르는 독일 여행과 파리 여행의 시작. 모차르트는 알로이시아 베버와 사랑에 빠진다.

1778~1779년 3월 23일 파리 도착. 이곳에서 모차르트 일가는 직장을 찾으려고 했으나 실패로 끝난다. 6월 18일 "파리-교향곡"의 초연. 7월 3일 모친의 죽음. 1779년 1월 중순 모차르트 일가의 잘츠부르크로 귀향 두 번째의 집중적인 창작 시기.

1781년 1월 29일 뮌헨에서의 이도메네오 초연. 5월 대주교와의 결별. 모차르트는 완전히 빈으로 옮긴다. 알로이시아의 여동생인 콘스탄체 베버에 대한 사랑.

1782년 모차르트는 빈의 지체 높은 귀족들을 위한 연주회를 갖고, 인기 있는 피아노 선생이 된다. 7월 16일 후궁으로부터의 유괴 초연. 8월 4일 콘스탄체와 결혼

1783년 몇 해에 걸쳐 이어지는 집중적인 작곡 활동 교향곡, 피아노 협주곡, 세레나데, 실내악. 6월 17일 아들 라이문트 레오폴트의 출생(8월19일 사망). 7월~11월 모차르트 가족은 잘츠부

르크에 있는 레오폴트를 방문한다. 돌아오는 길에 린츠에서 "린츠–교향곡"이 탄생한다.

1784년 피아니스트로서 모차르트의 공연은 그 정점에 이른다. 이듬해까지의 수많은 연주회와 음악의 밤. 9월 21일 둘째 아들 카를 토마스의 출생(1858년 사망). 12월 14일 프리메이슨 지부 "Zur Wohltätigkeit"에 입회.

1785년 2월~4월 레오폴트는 빈으로 아들을 찾아온다. 모차르트는 오페라 〈피가로의 결혼〉 작곡에 몰두한다.

1786년 5월 1일 빛나는 성공을 거둔 〈피가로〉의 초연. 그럼에도 불구하고 반대자들은 이 오페라를 배제시킨다.

1787년 1월 8일~2월 중순 모차르트는 콘스탄체와 함께 프라하로 여행을 떠난다. 이곳에서 그는 〈피가로〉를 지휘한다 "프라하–교향곡" KV504의 초연. 오페라 〈돈 조반니〉의 의뢰(依賴). 5월 28일 부친의 죽음. 10월 초~11월 중순 두 번째 프라하 여행. 10월 29일 〈돈 조반니〉 초연. 12월 7일 모차르트는 "K.K. Kammermusicus"로 임명된다.

1788년 5월 7일 빈에서의 〈돈 조반니〉 첫 공연. 여름 마지막 교향곡 E플랫장조 KV543, G단조 KV550, C장조 KV551("주피터–교향곡")이 완성된다. 경제적 어려움.

1789년 4월 8일~6월 4일까지 카를 폰 리흐노브스키와 프라하, 드레스덴, 라이프치히, 포츠담을 거쳐 베를린으로의 여행. 이곳에서 프로이센의 왕 프리드리히 빌헬름 2세는 모차르트에게 현악 4중주와 피아노 소나타의 작곡에 대한 계약을 위임한다.

1790년 1월 26일 〈코시 판 투테〉 초연. 2월 20일 황제 요제프

2세의 죽음. 레오폴트 2세의 등극. 9월 23일 모차르트는 황제의 대관식에 참석하기 위해 프랑크푸르트 암 마인으로 떠난다. 1791년 5월 9일 모차르트는 (여전히 무급으로) 성 슈테판 성당의 대리 지휘자로 임명된다. 7월 26일 여섯 번째 자식인 프란츠 크사버 볼프강의 출생(1844년 사망). 8월 28일~9월 중순 프라하 여행. 9월 6일 티토 왕의 자비 초연. 9월 30일 마술피리 초연. 9월 말 모차르트는 레퀴엠의 작곡을 시작하지만, 미완성으로 남는다. 12월 5일 새벽 1시 모차르트는 운명한다.

참고 도서

Im Text verwendete Sigle

BA Mozart. Briefe und Aufzeichnungen. Hrsg. von der Internationalen Stiftung Mozarteum Salzburg. Gesammelt und erläutert von Wilhelm A. Bauer und Otto E. Deutsch, erläutert von Joseph H. Eibl. 7 Bde. Kassel/Basel 1962–75. Auflage 1990.

Gesamtausgaben, Werkverzeichnis

Wolfgang Amadeus Mozarts Werke. Kritisch durchgesehene Gesamtausgabe. Leipzig 1876~1907.

Wolfgang Amadeus Mozart. Neue Ausgave sämtlicher Werke. In Verbindung mit den Mozartsädten Augsburg, Salzburg und Wien hrsg. von der Internationalen Stiftung Mozarteum Salzburg. Kassel 1955 ff.

Köchel, Ludwig von: Chronologisch–thematisches Verzeichnis sämtlicher Tonwerke Wolfgang Amadé Mozarts. Leipzig 1862. 2. bearb. und erg. Aufl. von Paul Graf von Waldersee, Leipzig 1905. 3. Aufl. überabeitet von Franz Giegling, Alexander Weinmann und Gerd Sievers, Wiesbaden 1964.

Periodika

Mozart–Jahrbuch. Salzburg 1950 ff.

Informiert über die neuesten Ergebnisse der Mozart–
Forschung, neue Publikationen u. a.

Mozart Studien. Hrsg. von Manfred Hermann Schmid.
Tutzing 1992 ff. Im Mittelpunkt stehen wissenschaftliche
Beiträge zum Werk des Komponisten.

Sammelbände

Csobódi, Peter (Hrsg.): Wolfgang Amadeus: Das Phänomen
Mozart: Leben – Werk – Wirkung. Wien 1990.
Aufsatzsammlung mit grundlegenden Informationen über den
Komponisten, zu Aspekten der künstlerischen Realisation
seiner Werke und zur Rezeptionsgeschichte.
Landon, H. C. Robbins (Hrsg.): Das Mozart-Kompendium.
Sein Leben – seine Musik. München 1991.
Grundlegendes Kompendium zu allen wichtigen Aspekten von
Mozarts Leben, Persönlichkeit und Werk; Informationen zur
Aufführungspraxis, Rezeptionsgeschichte und Mozart-
Literatur ergänzen den Band.
Werner-Jensen, Arnold: Reclams Musikfühere – Wolfgang
Amadeus Mozart. 2 Bde. Stuttagrt 1989/90.
Konzertfrer mit Besprechungen der wichtigsten Werke
Mozarts.

Biographien – eine Auswahl

1. 1794~1828

Niemetschek, Franz Xaver: Lebensbeschreibung des K. K.
Kapellmeisters Wolfgang Gottlieb Mozart nach

Originalquellen beschrieben. Prag 1798.

Niemetschek entwirft erstmals das Bild des Klassikers Mozart.

Nissen, Georg Nikolaus von: Biographie W. A. Mozart's nach Originalbriefen. Hildesheim 1984. Erstausgabe Leipzig 1828.

Mit Fleiß und Akribie gearbeitete, doch weitgehend unkritische Materialsammlung.

Schlichtegroll, Friedrich von: Mozarts Leben. Hrsg. von Joseph H. Eibl. Faksimile-Nachdruck Kassel 1974. Erstausgabe Graz 1794.

Erste Mozart-Biographie, die schon auf die musikalische Universalität des Komponisten sowie dessen 'nerschöpflichen Ideenreichtum' hinweist.

2. 1856~1947

Abert, Hermann: W. A. Mozart. Fünfte, vollständig neu bearbeitete und erweiterte Ausgabe von Otto Jahns 'Mozart'. 2 Bde. Leipzig 1919.

Sieht zum ersten Mal die gesamte Persönlichkeit Mozarts, unter Berücksichtigung von Zeit und Umfeld.

Einstein, Alfred: Mozart: Sein Charakter — sein Werk. 2 Bde. Frankfurt a. M. 1997. Erstausgabe unter dem Titel Mozart. Sein Charakter, Sein Werk. Stockholm 1947.

Biographie, die von solidem Wissen und Sinn für Ästhetik zeugt.

Jahn, Otto: W. A. Mozart. Leipzig 1856/59. 4 Bde.

Erste bedeutende Mozart-Biographie, die das Quellenmaterial konsequent berücksichtigt. doch Mozart — noch immer — als einzigartig und menschlich unfehlbar darstellt.

Paumgartner, Bernhard: Mozart. Zürich 1993. Erstausgabe Berlin 1927.

Immer noch ein Klassiker der Mozart-Literatur. Beschreibt Leben und Werk des Komponisten mit wissenschaftlicher Exaktheit und liebenswürdiger Anteilnahme.

3. Neuere Biographien

Knepler, Georg: Mozart. Annäherungen. Berlin 1991.

Der Autor nähert sich dem Komponisten von immer anderen Seiten, geht von wichtigen biographischen Ereignissen aus, von der musikalischen Analyse, dem Blick auf das geistige Umfeld u. a.

Küster, Konrad: W. A. Mozart und seine Zeit. Laaber 2001.

Berücksichtigt intensiv die zeitgeschichtlichen Bezüge.

Publig, Maria: Mozart. Ein unbeirrbares Leben. München 1991.

Umfangreiche, lebendig geschriebene Biographie; Korrigiert einseitige Mozart-Bilder, um so der wahren Persönlichkeit des Komponisten näher zu kommen.

Studien zu einzelnen Aspekten von Mozarts Leben

Bär, Carl: Mozart. Krankheit, Tod, Begräbnis. Salzburg 1966.

Grundlegende Arbeit über die Ursache von Mozarts Tod, die bis heute als gültig anerkannt wird.

Bauer, Günther: Mozart: Glück, Spiel und Leidenschaft. Bad Honnef 2003.

Informiert über Mozarts Vergnügen an den spielerischen Unterhaltungen seiner Zeit.

Elias, Norbert: Mozart. Zur Soziologie eines Genies. Hrsg. von Michael Schröter. Frankfurt a. M. 1991.

Der Autor interpretiert Mozart v. a. von dessen sozialem Umfeld her und erhellt die Motivationen des Genies: das Ringen um Anerkennung, das nie gestillte Liebesbedürfnis u. a.

Küng, Hans: Mozart. Spuren der Transzendenz. München/Mainz 1991.

Versucht Mozarts Werk theologisch tiefer zu durchdringen.

Langegger, Florian: Mozart. Vater und Sohn. Zürich 1978.

Gibt Auskunft über den Einfluss des Vaters in Mozarts Leben sowie die innige und zugleich tragische Vater–Sohn-Beziehung.

Strebel, Harald: Der Freimaurer Wolfgang Amadé Mozart. Stäfa 1991.

Informiert über den Freimaurer Mozart, den freimaurerischen Gehalt seiner Werke und das Logenleben.

Studien zu Mozarts Stil und Kompositionsweise

Born, Gunthardt: Mozarts Musiksprache. Schlüssel zu Leben und Werk. München 1985.

Der Autor entschlüsselt die Vielzahl der Tonsymbole, die Mozart in seiner Musik verwendet, und macht so deutlich, welche Ideen der Komponist vertrat.

Konrad, Ulrich: Mozarts Schaffensweise. Göttingen 1992.

Befasst sich mit Mozarts Art des Komponierens, unter Einbeziehung zahlreicher Originalhandschriften.

Rosen, Charles: The Classical Style. Haydn, Mozart, Beethoven. London/Boston 1971. (dt. München/Kassel u. a.

1983.)

Faszinierende Abhandlung, die dem Leser das Verständnis für den Stil einer ganzen Epoche näher bringt.

Siegmund–Schultze, Walther: Mozarts Melodik und Stil. Leipzig 1957.

Versucht von Geist und Gestalt der mozartschen Melodik aus das Typische dieser Musik zu verdeutlichen.

Weitere Literatur

Angermüller, Rudolph: Mozart. 1485/86 bis 2003. Daten zu Leben, Werk und Rezeptionsgeschichte der Mozarts. 2 Bde. Tutzing 2004.

von Baer, Ena/Pezold, Hans (Hrsg.): Teure Freundin. Peter Tschaikowskis Briefwechsel mit Nadeshda von Meck. Leipzig 1988.

Böttger, Dirk: Wolfgang Amadeus Mozart. München 2003.

Cramers Magazin der Musik. Hamburg 1783.

Demuth, Dieter: Das idealistische Mozart–Bild 1785–1860. Tutzing 1997.

Deutsch, Otto Erich (Hrsg.): Schubert: Die Dokumente seines Lebens. Wiesbaden 1980. Erstausgabe Kassel 1961.

Forman, Milo /Novak, Jan: Rückblende, Erinnerungen. Hamburg 1994.

Friedrich, Götz: (Über Così fan tutte). In: Programmhheft der Staatsoper Hamburg 1975.

Gruber, Gernot: Mozart und die Nachwelt. München 1987.

Harnoncourt, Nikolaus: Der musikalische Dialog. Kassel 2001.

Hesse, Hermann: Der Steppenwolf. Frankfurt a. M. 1995.

Hildesheimer, Wolfgang: Mozart. Frankfurt a. M. 1977.

Hoffmann, E. T. A.: Gesammelte Schriften. Bd. 14. Berlin 1924.

Jean Paul: Sämtliche Werke. Dritte Abteilung, vierter Band, Briefe 1800−1804. Hrsg. von Eduard Berend. Berlin 1960.

Pohl, Carl Ferdinand: Sämtliche Werke. Dritte Abteilung, vierter Band, Briefe 1800−1804. Hrsg. von Eduard Berend. Berlin 1960.

Pohl, Carl Ferdinand: Mozart und Haydn in London. Wien 1867.

Reger, Max: 'Wir Brauchen nötigst viel, viel Mozart'. In: Acta Mozartiana 1973. S.1 f.

Rolland, Romain: Musiker von einst. Berlin 1976.

Schaul, Johann Baptist: Ueber Tonkunst, die berühmtesten Tonkünstler und ihre Werke. Karlsruhe 1809. 2. Aufl. 1818.

Schubart, Christian Friendrich Daniel (Hrsg.): Teutsche Chronik 1776. Heidelberg 1975.

Teuber, Oskar: Geschichte des Prager Theaters. 3 Bde. Prag 1883~1885.

Tschitscherin, Georgi W.: Mozart. Eine Studie. Reinbek 1990.

Wagner, Richard: Zukunftsmusik. Leipzig 1914.

Walter, Bruno: Von der Musik und vom Musizieren. Frankfurt a. M. 1957.

Wiener Theater−Almanach. Wien 1794.

Internetadressen

http://www.mozarteum.at

http://www.deutsche−mozart−gesellschaft.de